Mahalo nui loa  Me ke aloha pumehana

Me Ke aloha

Me Ke aloha

©MEG MAEDA POST CARD
©MEG MAEDA POST CARD

Designer's Hawaiian Bags

子供の頃から可愛いモノよりも個性的でカッコヨク、新しいモノが好きでした。

ピンクのフリルやふわふわしたモノよりも、シンプルでちょっとマニッシュなモノが好み。

それは子供の頃、よくお揃いで服を作ってくれた母の影響だったと思います。

気がつけばいつも針を持っていた母。

特別教えられた訳ではないのに、いつの間にか私も針を持つ仕事に携わっていました。

自分の好きなモノを創り出したい。

グラフィックデザイナーになったのもそんなことからだったかもしれません。

キルトにおきかえてみれば、どんな生地を使ってどんなデザインにするかということ。

それを考えるのはとても楽しい作業です。

そして作品製作の針休めとしてのバッグや小物作りは、

母の作ってくれた夏の日のワンピースを思い出させてくれます。

大人が持つにふさわしく、カッコヨクて個性的に、ときどきほんのちょっぴり可愛らしく。

カタチ、色、グラフィックの3つの要素がピタリとかみ合ったバッグ。

シンプルで手芸っぽくならないこと。

そんなコンセプトで、愛して止まないハワイに咲く花や葉、

生き物や文化をモチーフにしてたくさんのバッグを作りました。

一つのデザインでも色やカタチを変えることで、まったく違ったモノが出来上がります。

さぁ、今度はこの本を手にとってくださったあなたがアレンジしてみてください。

出来上がったバッグを持って出かけるときのウキウキ、ワクワクを想像しながら。

マエダメグ

Profile

マエダ メグ
Meg Maeda

グラフィックデザイナー・キルトデザイナー・キルト作家・キルト講師。多摩美術大学グラフィックデザイン科卒業。'98年よりハワイアンキルトの創作活動開始。'02年教室開講。長年グラフィックデザインの仕事をしてきたことに裏打ちされたデザイン力で、独自のデザイン性の高い、新しいキルトを製作。またハワイに根付いた植物とそれを取巻く風や光、匂いなど空気感ごと表現する事を得意とする。現在グラフィックデザインの仕事を続けながら月に17のクラスを持つ。著書「暮らしのハワイアンキルト」「ハワイに咲くキルト」（パッチワーク通信社）

http://megshawaiianquilt.blog43.fc2.com/

Contents

ハワイらしいモチーフで
モンステラとゲッコー ………… 9
ぐるぐる ……………………… 12
タロリーフ …………………… 16
ハイビスカスがいっぱい ……… 18
海のモチーフがいっぱい ……… 22

トライバル タトゥ スタイルで
マンタレイ …………………… 29
かめかめホヌホヌ …………… 32
ティキ ………………………… 36

定番のカタチ ハワイアンキルトで
ましかくバッグ ……………… 39

色であそぶ
ツートーン …………………… 43
しましま ……………………… 46

バッグの中の小さなキルト
ウォレット …………………… 50
ぺたんこポーチ ……………… 51

キルトレッスン
キルトレッスン ……………… 52
布のお話 ……………………… 58

作り方
作品作りの基本 ……………… 59
作り方 How to make ………… 60

ハワイらしいモチーフで

使いやすいバッグって、やっぱりシンプルなカタチのものなんです。
お財布と化粧ポーチだけのときも、
外出先で買ったものがいっぱい詰まったときも、
ステキに見えることが大切。
そしてシンプルなカタチのバッグにこそカッコイイグラフィックを入れたい。
モンステラやハイビスカス、
誰もが良く知るモチーフだからこそ、ありきたりにならないようにね。

モンステラとゲッコー

ハワイアンモチーフで一番人気のモンステラ。
特徴は何と言っても大きな葉っぱとフォルムの面白さ。
だからこそバッグから飛び出すデザインがいいでしょ。
葉っぱの上ではゲッコーがひと休み中。

フラシスターとビーチカフェで待ち合わせ。真夏の陽射しに白とネイビーのコントラストが眩しいね。

01 モンステラとゲッコーのトートバッグ
How to make : P.68

モンステラとゲッコーのトートバッグ

同じデザインモチーフでも、色やカタチを変えるとこんなに表情が変わります。
ゲッコーに綿を入れて立体感を出すと、ほら動き出しそうでしょ。
バッグの底にもゲッコーのキルトラインを。
遊びが楽しいね。

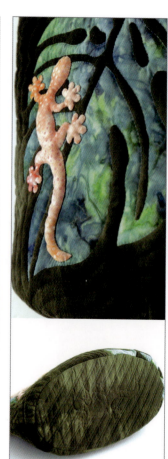

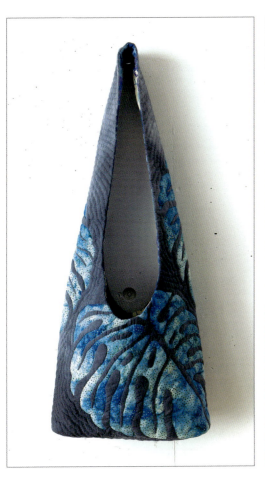

02 モンステラのワンショルダー
How to make : P.69

同じモンステラのモチーフをショルダーに展開。
肩の部分までモンステラをレイアウトすると、
より個性的になりました。

ぐるぐる

ぐるぐるしているモチーフはシダの赤ちゃん。キュートな楽しいデザインになりました。ハワイ名でアマウマウと言います。

待ち合わせのビーチカフェに到着。

03 ぐるぐるのワンショルダー
How to make : P.70

肩の部分まで一体になったフォルムなので、グラフィックが途切れずにデザインできる面白さがあります。
リバースアップリケの上にアップリケを重ねるとモチーフに奥行が出ます。デザインに合わせた底のキルトラインもぐるぐる。

ハワイらしいモチーフで…13

ぐるぐるのトートバッグ

とんがりアップリケが苦手なら、だんぜんリバースアップリケがお勧め。
生地の色に合わせた持ち手選びも大切ね。

04 ぐるぐるのトートバッグ
How to make : P.72

円筒形のペンケースのデザインも縦に伸びる、ぐるぐるのフォルムがピッタリね。

05 ぐるぐるのペンケース
How to make : P.71

ぐるぐるモチーフは、こんな小さなペンケースにも使えます。
裏返して衿のように見える中袋こそセンスの見せどころです。

ハワイらしいモチーフで...15

タロリーフ

タロイモの葉っぱには強い生命力を感じます。
その象徴のような太く伸びた葉脈がデザインになりました。
ずっと昔からハワイの人々の大切な糧なのです。

タロリーフのツーウェイトート

06 タロリーフのトートバッグ
How to make : P.73

07 タロリーフのましかくポシェット
How to make : P.74

ハイビスカスがいっぱい

ハワイアンと言えばハイビスカスが最も良く使われるモチーフかもしれません。
それでも連続パターンでリバースアップリケにしたら新鮮な表情になりました。
どんなカタチや大きさでも展開できる便利なパターンですね。

お花屋さん大好き。

08 ピンクのハイビスカストート
How to make : P.76

お店の中の花に負けないくらい華やかなバッグがステキでしょ。
合わせる生地を同系色にするのがポイント。シンプルで使いやすくなります。
ピンク×ピンクで大人可愛いバッグになりました。

09 ハイビスカスのミニミニバッグ
How to make : P.78

小さめサイズはランチバッグやバッグインバッグとして重宝しそう。
サイズ感とキュートな生地色がうまく調和していますね。

ライムグリーンのハイビスカスバッグ

オリーブグリーンとライムグリーンの色合わせは、落ち着いているけど爽やかな印象です。底のパイピングコードと持ち手のライムグリーンがフォルムをキレイに際立たせています。

10 ハイビスカスのソーイングセット
How to make : P.75/77

ソーイングケースとシザーズケースをお揃いで。ブルーに真っ白なハイビスカスが潔くていいね。

海の モチーフが いっぱい

海のモチーフはシンボリックで楽しいデザインがいっぱい。
だからそのまま使ってもいいですね。
色使いは海をイメージして。

これから友人とランチに行くの。

11 アンモナイトのまんまるバッグ
How to make : P.65

お友達とランチの約束しているの。
洋服と色を合わせたバッグを持って出かけましょう。
ショッキングピンクのアンモナイトが個性的で目を引きそう。
シンボリックなモチーフには色のコントラストをつけて。

12 スカシカシパンの半円バッグ
How to make : P.83

早朝のビーチで拾ったスカシカシパンは大切な宝物。
プチっと空いた穴に幸せが詰まるのですって。
シンプルなモチーフだからバッグのフォルムを工夫して。
ターコイズブルーのボーダーと丸いフォルムがピッタリね。

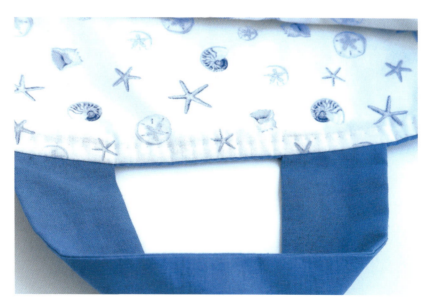

シンプルなデザインだからキルトラインで遊びを。
ツノダシとスターフィッシュがボーダーの海を泳いでいます。

中袋生地にもスカシカシパンとスターフィッシュが。

15 シェルのバッグインバッグ
How to make : P.79

シェルとスターフィッシュをリバースアップリケで。
パターンは作りたいキルトの大きさに合わせてね。

16 シェルのぺたんこポーチ
How to make : P.82

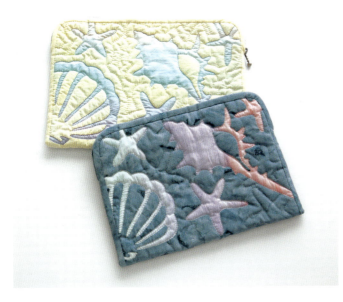

日曜日の朝、晴れたらビーチへ出かけます。
シェルいっぱいのバッグを車に乗せて。
お揃いのカシパンポーチも忘れずにね。

トライバル タトゥ スタイルで

ハワイの文化に触れていくうちに興味を持ったトライバル・タトゥ。

世界各地の部族の中で独自に進化していき、

現在のハワイアンの肌にもその美しいパターンを見ることができます。

そのモノクロのデザインの面白さに引かれ、いくつかのパターンをデザインしました。

より個性の強いバッグが出来上がります。

お天気のいい日には一駅分だけ歩こう。マンタのショルダーをお供に。

マンタレイ

17 マンタが泳ぐショルダーバッグ
How to make : P.84

ハワイ島にステイするときには毎晩マンタを観に出かけます。その優雅な泳ぎとチャーミングな仕草にたちまち虜です。背中にはホヌとコバンザメがお供しています。このスタイルでデザインすると、キルトラインでは表現できない面白さが生まれます。展開する時は正方形の面を使ったバッグにレイアウトするのがお勧め。

ブルーの光の輪がポイントのマンタのショルダーバッグは通勤やお散歩で颯爽と歩くデニムにピッタリ。太めの綿テープの肩ひもがちょうどいいバランスです。

マンタのぺたんこバッグ

夕暮れの海を泳ぐマンタ。
マチ無し、ぺたんこバッグは気軽に持てるね。

ロープ持ち手のマンタバッグ

マンタのモチーフにブルーのグラデーションと
マリン風のロープ持ち手がぴったりね。

18 マンタのましかくバッグ
How to make : P.86

ブルーのしましま生地が海の中のようで、マンタが泳いでいるみたいでしょ。
マチをグルリと付けたことでデザイン性と機能性が上がりました。

トライバル タトゥ スタイルで...31

かめかめ
ホヌホヌ

ハワイでウミガメを見ることは難しいことではありません。
ビーチに上がって甲羅干しするカメや、もちろん泳いでいるカメも。
ハワイ語ではホヌと呼び、守り神や幸せを運ぶ象徴として愛されてきました。
タトゥのモチーフとしてもよく見かけますが、
甲羅の部分がティキ（木像神像）になっているものをよく見かけます。

波にうかぶホヌバッグ

ホヌが泳ぐトートバッグ

20 ホヌのショルダーバッグ
How to make : P.85

21 ホヌのぺたんこバッグ
How to make : P.87

バッグからモチーフを飛び出させると、デザインに動きが出ていいでしょ。
等間隔に広がるキルティングラインがホヌのモチーフにぴったりね。

ティキとペトログリフのバッグ

ティキ

ハワイ島、プウホヌア・オ・ホナウナウで見たティキは
海に向かって立っています。
怒っている顔、笑っている顔。
きっと見る人によって違って見えるのでしょう。
ティキもまたタトゥのパターンとして使われます。
肌に神様を彫るのですから
強い力で守られるのでしょうね。

22 三つの顔のティキバッグ
How to make : P.88

笑い顔のティキをモチーフにしたら、ユニークなバッグが出来ました。カタチと色で楽しみましょう。

23 ティキのショルダーバッグ
How to make : P.89

●ティキのミニトート

定番のカタチ ハワイアンキルトで

基本のハワイアンキルトは、正方形1/8か1/4の展開パターンです。
それをそのままバッグの正面に使います。
マチの幅や持ち手を好みで変えれば、使い勝手のいいバッグが出来ますね。

ましかくバッグ

正方形にレイアウトされたハワイアンキルトのパターンから
好きなモチーフを選んでバッグのビジュアルにします。
お稽古バッグとして、お買い物バッグとして、
そして通勤バッグとしてもオールマイティなカタチね。

24 月下美人とモンステラのましかくバッグ
How to make : P.90

25 ハイビスカスのましかくバッグ
How to make : P.91

正面は土台生地のしましまに沿ったキルトを、
マチにはプルメリアをいっぱい咲かせました。
キルトラインにも遊びをね。

26 パイナポーのましかくバッグ
How to make : P.92

元気いっぱいなヒトにぴったりなパイナップル。スクールバッグやレッスンバッグとして使うのはいかが？

27 モンステラのましかくバッグ
How to make : P.93

スモーキーなグリーンの配色と、バンブーの持ち手が大人らしいバッグ。夏の白いワンピースに合わせて持ちたいな。

色であそぶ

バッグやモチーフのフォルムだけでなく、配色もデザインの重要な要素です。
2色の対比や色使いの楽しさを、ポイントを押さえながら楽しみたいですね。

バナナの葉っぱは南の島の風とゆるい時間の流れを思い出させてくれるなぁ。

モンステラは葉っぱ一枚で充分なグラフィック。誰もが良く知るモチーフだからこそ大胆でシンプルにね。

個性的なデザインにはインパクトのある配色で。複雑なトーチジンジャーにはリバースアップリケの手法がピッタリ。

28
How to make : P.62

29
How to make : P.62

30
How to make : P.62

トーチジンジャーのツートーンバッグ

モンステラのツートーンバッグ

バナナリーフのツートーンバッグ

31 モンステラのころりんぱバッグ
How to make : P.60

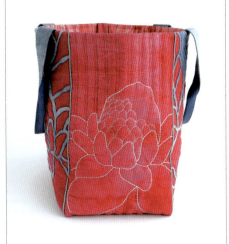

しましま

ストライプやボーダーって、ちょっと心をくすぐられるところがあるでしょ。
しましま生地をベースに使うと、変化や新しい表情が見えてくるね。

33 モンステラのしましまバッグ
How to make : P.64

32 レフアのしましまバッグ
How to make : P.64

46...色であそぶ

大好きな生地を並べて眺めていたら、とてもステキなストライプ生地に見えてきました。
色の並びとピッチはランダムにして、自分だけのしましまを作りましょ。
ブルーのしましまにはモンステラ、ピンクのしましまにはレフアを載せて
まあるく切り抜けばホラ、チャーミングなバッグが出来たでしょ。

ここでは大好きな色が揃う山村染織工芸さん(P.98)の手染め生地を使っています。

細めのボーダーにモチーフを大きくレイアウト。
同系色や反対色で色あそび。

細いピッチのボーダーは土台生地として重宝します。
一般的なファブリックショップで求めやすいのもいいですね。

34 ハイビスカスのマリンバッグ
How to make : P.66

トリコロールカラーとロープの持ち手で元気な夏バッグが出来ました。

35 モンステラのパソコンケース
How to make : P.67

36 ハイビスカスとゲッコーのメガネケース
How to make : P.97

色であそぶ...49

バッグの中の小さなキルト

バッグの中の小さなケースやおさいふもデザインや仕様を自分の好みに作りましょう。
完成まで時間がかからないのでプレゼントに作ってもいいね。

37 モンステラとハイビスカスのウォレット
How to make : P.94

38 ローズのぺたんこポーチ
How to make : P.96

ポケットの作り方次第でカードケースや
ソーイングケースにもなりますね。

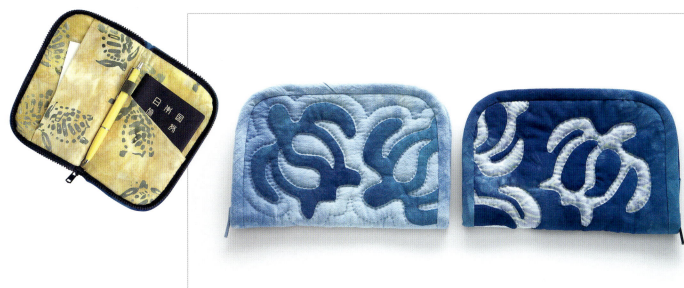

39 ホヌのぺたんこポーチ
How to make : P.95

パスポートに合わせて少し小さめに。
ペンホルダーを付けると便利ね。

ウォレットは市販のリメイクウォレットに
カバーを作って縫い付けています。
ポコ・ア・ポコさん(P.98)で購入できます。

キルトレッスン LESSON 1

モチーフの写し方からキルティングまで、基本を解説します。
ここでは分かりやすいように目立つ色の糸を使い、大きな針目で縫っていますが、
実際に縫うときは、モチーフ布と近い色の糸を選ぶと縫い目が目立ちません。

モチーフの写し方

モチーフを全体に写す方法

1. モチーフ布、チャコペーパー、図案、セロハン（OPP）の順に重ね、インクの出なくなったボールペンか専用のトレーサーを用意します。

2. ボールペンで図案どおりに、ていねいになぞります。

3. 図案を写せたらモチーフ布を台布に重ね、上下と中央をそれぞれ3か所ずつまち針でとめます。

4. 図案に沿ってしつけを掛けます。線から1cm内側を縫い糸で、1cmの間隔で縫います。

1/4図案を展開する方法

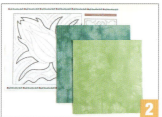

1. モチーフ布を正方形にカットし、1/4の正方形にたたみます。アイロンをかけてしっかりと折りましょう。

2. 台布も正方形にカットしてモチーフ布と同様にたたみます。1/4の図案を用意します。モチーフ布の色が淡い場合は、図案を透かして写し、濃い場合は上の方法のように、チャコペーパーをはさんで写します。

3. ここでは透かして写します。1枚目のモチーフ布の下に図案をはさみます。角までしっかりと差し込み、中心を合わせます。

4. ずれないように布をしっかりと押さえ、図案のとおりに写します。

5. 角などの要所要所をまち針でとめ、縫い代を0.3cmつけて4枚まとめてカットします。

6. 台布を対角線で半分に折って三角形にし、アイロンで折り線を付けます。

7. 台布を平らな場所に広げます。台布の折り目に合わせて左上にモチーフ布を置きます。

8. モチーフ布のまち針を外し、モチーフ布を下側にそっと広げて1/2の状態にします。

台布の中心と角の斜めの折り目にモチーフ布が合っているかを確認します。

すべて広げます。台布とモチーフ布の折り目がぴったり合っているか、浮いていないか確認してまち針でとめます。

中心から外側に向かってしつけを掛けます。まず十字、次に対角線状に掛けます。

モチーフ布の周囲から1cm内側にも掛けます。ずれないようにしっかりと押さえて掛けましょう。

アップリケのしかた

基本のたてまつり

0.3cmの縫い代をつけて図案の外側をカット。一度にカットせずに、少しずつカットして縫うことを繰り返します。直線やゆるやかなカーブの部分から始めます。

線のきわを親指で押さえ、針先で縫い代を折り込みます。使う針はアップリケ針です。

折り山のきわに針を出し、すぐ下の台布に針を入れます。そのまま約0.2cm先のモチーフ布のきわに針を出します。

これを繰り返して縫い進めます。

へこんだカーブ

印のようにカーブに切り込みを入れます。切り込みがバイヤス方向なら1か所、布目方向なら3、4か所に。

カーブの手前までまつったら針を止め、カーブの向こう側の縫い代を針先で折り込みます。

針を手前に向かって水平に回転させて、縫い代を折り込みます。なめらかなカーブを描くようにぐるりと針を回し、まつっている折山までつなげます。

たてまつりを続けます。カーブ部分は縫い代が少ないので、細かく巻きかがりするようにまつります。

キルトレッスン

LESSON 2

とがった部分

1. 角から0.3cmほど手前から細かくまつり、角まで縫います。この部分を細かくまつることで、次の辺で折り込む縫い代の端が出ないようにします。

2. 次の辺を縫い代0.3cmをつけてカットし、角の余分な縫い代を少しカットしておきます。

3. 針先で角の縫い代を直角に折り込みます。

4. すぐに次の辺に針先を入れ、縫い代を折り込みます。

5. 親指で押さえてしっかりと角を形作ります。

6. 角の下の台布に針を入れ、次の辺に針を出してまつります。ここでも角から0.3cmは細かくまつります。細かくまつることで、重なった縫い代をきれいに押さえます。

7. きれいなとがった角が出来ました。

V字の部分

1. V字の中心に直角に切り込みを入れます。先のとがった小さなはさみが便利です。

2. 針先で、切り込みの底から縫い代を折り込みます。

3. 角までたてまつりで縫います。

4. 角まで縫ったらV字の底に針を入れ、2針縫います。縫い代を親指でしっかり押さえておきます。

この部分は折り山をすくうのではなく、少し内側をすくってまつります。

次の辺を縫い代をつけてカットします。

針先で縫い代を底まで折り込みます。

次の辺に針を出してまつります。

リバースアップリケのしかた

台布に図案を写します。淡い色の布の場合は、布の下に図案を重ねて透かして写し、濃い色の場合は52ページのようにチャコペーパーを使って写します。

モチーフ布に台布を重ね、左右と中央をそれぞれ3か所ずつまち針でとめます。

図案の0.5cm外側にしつけを掛けます。アップリケの場合とは反対側にしつけを掛けています。

台布の図案の内側を、縫い代を0.3cmつけてくりぬきます。角やカーブには、先に切り込みを入れておきます。

台布の縫い代を折り込み、たてまつりをします。

まつり方は、基本のまつり方と同じです。

下のモチーフ布が現れて、モチーフが見えます。

キルトレッスン…55

キルトレッスン
LESSON 3

キルトラインの描き方

内側に描く

モチーフの内側のキルトラインは、フリーハンドで描きます。図案を1/2に折って合わせ、見本にしながら左右対称に描きます。

外側に描く

外側はフープにはった状態で描きます。図案と等間隔に外に広がっていくように描きます。

しつけ掛け

1
裏打ち布、キルト綿、トップの順に重ねて要所要所をまち針でとめます。裏打ち布とキルト綿は大きめにカットしておきます。

2
中心から放射状にしつけを掛けます。まずは十字に、次に対角線状に掛け、さらにその間にも1本掛けます。

3
端までキルティングしやすいように、二つ折りした補助布を仕上がり線の外側に付けます。しつけ糸2本取りで、しつけよりも細かく縫います。

4
周囲に補助布がつきました。これでフープがはめられる大きさになりました。

5
キルトの下にフープの内枠を置き、外枠をゆるめて上からはめ込みます。

6
裏からキルトを均等に押し上げてゆるませます。ゆるませることで、針で布がすくいやすくなります。

56 …キルトレッスン

キルティング

刺し始め

1. キルティングの始めは、表から針を入れ、モチーフ布だけをすくって1cm先のキルトライン上に針を出します。

2. 糸を引いて玉どめを布の中に引き込みます。

3. ひと針小さな返し縫いをし、さらに1cm先のライン上に針を出します。

4. もう一度小さく返し縫いをし、さらに1cm先のライン上に針を出します。

5. キルトを回転させて向きを変え、キルティングをスタートします。中指にシンブルをはめ、奥から手前に向かってキルティングします。

6. キルトの裏に置いた指先で針を確認してすくい、3、4針ごとまとめて刺して針を抜きます。針目の大きさをなるべく揃えるようにしましょう。

7. モチーフのきわにキルティングすることを、落としキルティングと言います。モチーフがさらに浮き上がって見えるので、必ず入れましょう。

糸がなくなったら

1. 刺し始めと同様に、トップだけをすくって小さく返し縫いし、1cm先に針を出します。

2. これを3回繰り返し、玉どめはせずにそのまま布のぎりぎりのところで糸を切ります。

3. 再スタートのときは、キルトを回転して、糸を切った位置から針を入れます。玉どめを刺し始めと同様に、布の中に引き込みます。

4. トップだけをすくって小さく返し縫いをし、1cm先に針を出すことを繰り返し、最後の針目の手前に針を出します。キルトを回転させてキルティングをスタートします。

布のお話

バッグの仕立てには見返しをつけることもありますが、直接中袋を縫いつけるタイプが好きです。
袋口からチラリと見える生地の色や柄でおしゃれ度が上がります。
同系色だったり、反対色だったり。最後まであそびとオリジナリティを忘れないで。

ドット×ストライプ
ドット柄のハイビスカスにはストライプを合わせます。花柄を合わせると甘くなり過ぎてしまいます。どこかにシャープなイメージを残すことがカッコヨさのポイントです。

マンタレイ×ブルーグラデーション
マンタの泳ぐ海をイメージしたブルーのグラデーションのバティックを使っています。

ホヌ×段染めバティック
表の土台生地と同じ段染めバティックを合わせます。明度差をつけてメリハリを出しました。

スカシカシパン×スカシカシパン
モチーフと同じプリント生地が見つかれば最高ですね。海モチーフのプリント生地は比較的少ないので、見つけたら買いためておきます。

バナナリーフ×波模様の同系色プリント
バナナリーフのシルエットに似た同系色のプリント生地を合わせました。抽象的な柄は使い勝手がいいですね。

パソコンケース×ネルプリント
厚手で起毛したネル生地で大事なパソコンを包みます。素材感で選ぶのも大切なポイントですね。

作品作りの基本

52ページからのキルトレッスンとともに、作品作りの参考にしてください。

作り方の流れ

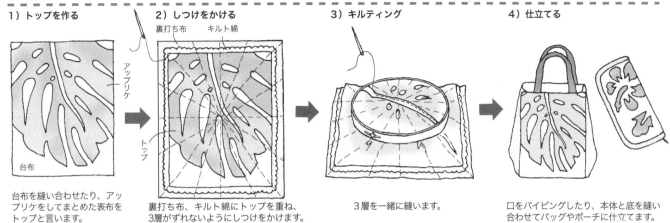

1) トップを作る
台布を縫い合わせたり、アップリケをしてまとめた表布をトップと言います。

2) しつけをかける
裏打ち布、キルト綿にトップを重ね、3層がずれないようにしつけをかけます。

3) キルティング
3層を一緒に縫います。

4) 仕立てる
口をパイピングしたり、本体と底を縫い合わせてバッグやポーチに仕立てます。

バイピングのしかた

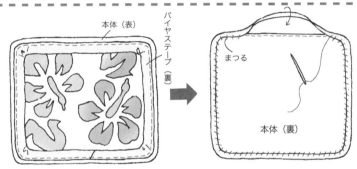

周囲にバイヤステープを中表に重ねて縫います。

テープを折り返して縫い代をくるんで縫い目のきわにまつります。

ファスナーの付け方

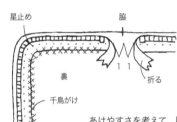

あけやすさを考えて、脇から1cmほど内側から付け始めます。基本は本体の口とファスナーの歯がそろうようにまち針でとめ、ファスナーの織りが変わる辺りを星止め、ファスナーの端を千鳥がけするかまつります。ファスナー端は上に中袋を付けるじゃまにならないように、折っておきます。

バイヤステープの作り方

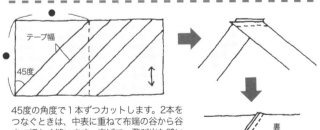

45度の角度で1本ずつカットします。2本をつなぐときは、中表に重ねて布端の谷から谷まで細かく縫います。広げて、飛び出した縫い代をカットします。

テープの幅の出し方

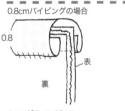

シングルバイヤス
0.8cmの4倍で3.2cm必要。
きりのいい数字の3.5cm幅でカット。

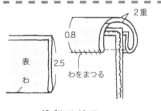

ダブルバイヤス
0.8cmの6倍で4.8cm必要。
0.5cm程度をプラスしてきりのいい数字の5.5cm幅でカット。

仕立てによく使う縫い方

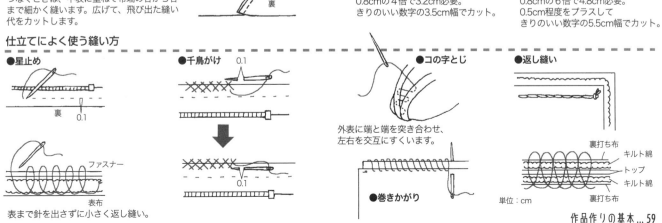

●星止め
表まで針を出さずに小さく返し縫い。

●千鳥がけ

●コの字とじ
外表に端と端を突き合わせ、左右交互にすくいます。
●巻きかがり

●返し縫い

単位：cm

How to make

- 図中の単位はcmです。
- 構成図や型紙の寸法には、裁ち切りの表示がない限り縫い代は含みません。アップリケ布には0.3〜0.4cm、台布を縫い合わせたりするときは0.7cm、バッグの仕立てには1cmくらいを目安に縫い代を付けます。
- 作品の出来上がりは、図の寸法と多少の差が出ます。
- 指示のない点線はキルティングラインを示しています。
- 52ページからの作り方も参考にしてください。
- 布は好みのものを使いましょう。98ページにお店を紹介しています。

31 モンステラのころりんぱバッグ

出来上がり寸法：高さ20cm・幅30cm・マチ10cm

実物大型紙は巻末型紙A❸〜❺に掲載

材料

台布（マチ、ファスナーマチ、肩ひも、ループ、パイピング分含む）／60×135cm
モチーフ布／70×30cm
パイピングコード用布／70×70cm
中袋布／65×50cm
裏打ち布／65×50cm
キルト綿／65×50cm
厚手芯／10×150cm
毛糸／適宜
長さ45cmファスナー／1本
幅3cm四角かん／1個
幅3cm調節かん／1個
プラスチック板／25×10cm

作り方

1) アップリケをして本体のトップをまとめる。マチ、ファスナーマチのトップは一枚布。
2) 裏打ち布、キルト綿にトップを重ね、しつけをかけてキルティング。
3) パイピングコードを作り、マチに縫い付ける。
4) ファスナーマチを作る。
5) ループと肩ひもを作り、ループに四角かんを通す。
6) ファスナーマチとマチを重ね、ループと肩ひもをはさんで縫う。
7) 本体とマチを中表に合わせて縫う。
8) 中袋を作る。
9) 本体の内側に中袋をまつる

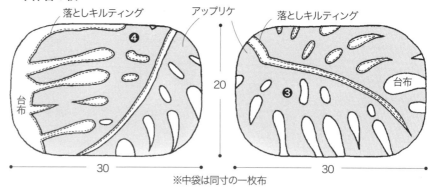

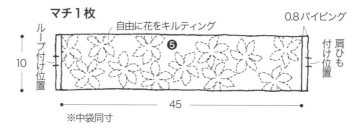

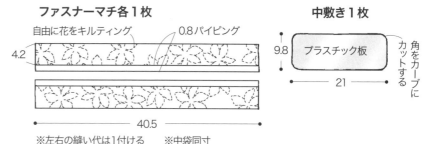

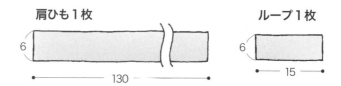

ファスナーマチの作り方

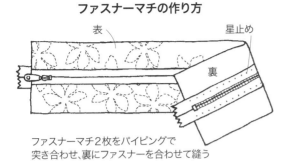

ファスナーマチ2枚をパイピングで
突き合わせ、裏にファスナーを合わせて縫う

中袋の作り方

①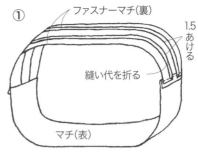

ファスナーマチの口の縫い代を折り
マチと中袋に合わせて輪に縫う

②

本体と中表に合わせて縫う

作り方

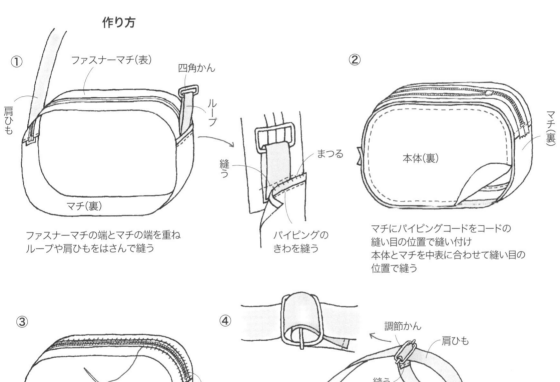

① ファスナーマチの端とマチの端を重ね
ループや肩ひもをはさんで縫う

② マチにパイピングコードをコードの
縫い目の位置で縫い付け
本体とマチを中表に合わせて縫い目の
位置で縫う

③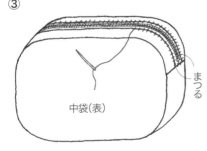

本体と中袋を外表に合わせて
中袋の口をファスナーにまつる

④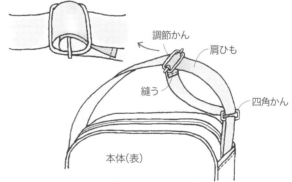

肩ひもを調節かん、四角かんに通し
さらに端を調節かんに通して縫う

How to make ... 61

28 29 30 ツートーンバッグ

出来上がり寸法：高さ32cm・幅25cm・マチ20cm

実物大型紙は巻末型紙A⑧〜⑯に掲載

材料

モンステラ・バナナリーフ
台布／60×40cm
モチーフ布（マチ、留め布分含む）／100×55cm

トーチジンジャー
台布／60×40cm
モチーフ布（マチ、留め布分含む）／100×55cm
刺し子糸／適宜

共通
中袋布（中敷き分含む）／110×55cm
裏打ち布／100×55cm
キルト綿／100×55cm
パイピングコード用布／75×75cm
持ち手用幅4cm革テープ／100cm
毛糸／適宜
直径2cmマグネットボタン／1組
プラスチック板／25×20cm

作り方

1) アップリケをして本体のトップをまとめる。マチのトップは一枚布。
2) 裏打ち布、キルト綿にトップを重ね、しつけをかけてキルティング。
3) パイピングコードを作り、マチに縫い付ける。
4) 本体とマチを中表に合わせて縫う。
5) 中袋を返し口を残して本体と同様に縫う。
6) 留め布と持ち手を作る。
7) 本体と中袋を中表に合わせ、持ち手と留め布をはさんで口を縫う。
8) 表に返して、返し口をとじ、口を星止めする。
9) 中敷きを作り、中に入れる。

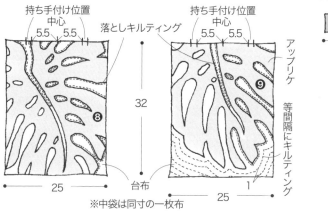

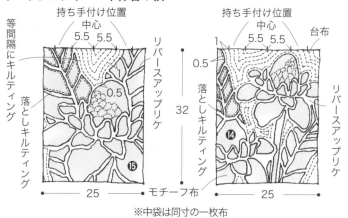

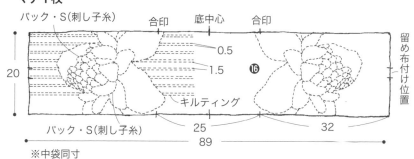

バナナリーフ 本体各1枚

持ち手付け位置　中心　　　　　持ち手付け位置　中心
1　5.5　5.5　　等間隔にキルティング　　　5.5　5.5

等間隔にキルティング
落としキルティング
アップリケ
32
⑫　　　　　　　　⑪
台布
25　　　　　　　　　25

※中袋は同寸の一枚布

中敷き1枚

19 × 24

※縫い代は2.5付ける　※プラスチック板は裁ち切り

パイピングコード2本

毛糸　0.5　　裁ち切り　3
95

外表に二つ折りして縫い、中に毛糸を通す

中敷きの作り方

① 周囲をぐし縫いする

② 24 × 19　プラスチック板　角を丸くカット

ぐし縫いを引き絞りプラスチック板を入れて糸を渡して固定する

マチ1枚

⑬
20
留め布付け位置
合印　底中心　合印
25　　32
89

※中袋同寸

バック・Sのしかた

① ②

留め布の作り方

① 裏　表　返し口
中表に合わせて周囲を縫う

② マグネットボタン
表に返して中にマグネットボタンを入れる

持ち手の作り方

21縫う　表　わ
外表に二つ折りして中央を縫う

作り方

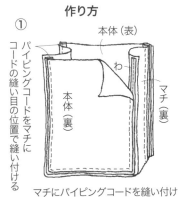

① マチにパイピングコードを縫い付け本体とマチを中表に合わせて縫い目の位置で縫う
中袋は返し口を残して同様に縫う

② 長さ48持ち手　留め布　15返し口　中袋(裏)
本体と中袋を中表に合わせ、持ち手と留め布をはさんで口を縫う

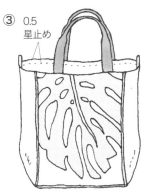

③ 0.5 星止め
表に返して返し口をまつってとじ中袋を星止めで押さえる

実物大型紙
留め布

32 33 モンステラとレフアのしましまバッグ

実物大型紙は巻末型紙C⑱〜㉑に掲載

出来上がり寸法：高さ42cm・幅42cm

材料（共通）

台布用布／各種
モチーフ布／90×30cm
中袋布／90×45cm
裏打ち布／90×45cm
キルト綿／90×45cm
持ち手用布／50×30cm
パイピングコード用布／70×70cm
毛糸／適宜

作り方

1) 台布を縫い合わせ、アップリケをして本体のトップをまとめる。
2) 裏打ち布、キルト綿にトップを重ね、しつけをかけてキルティングする。
3) 持ち手とパイピングコードを作る。
4) 本体と中袋を中表に合わせ、持ち手をはさんで縫い止まり位置から縫い止まり位置まで縫う。
5) 本体にパイピングコードを縫い付ける。
6) 本体同士、中袋同士を中表に合わせ、中袋に返し口を残して周囲を縫う。
7) 表に返して返し口をとじ、口を星止めで押さえる。

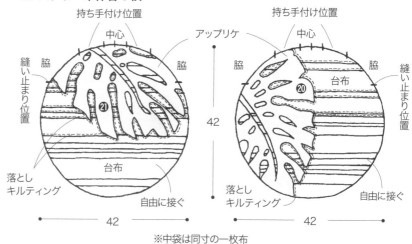

モンステラ　本体各1枚

※中袋は同寸の一枚布

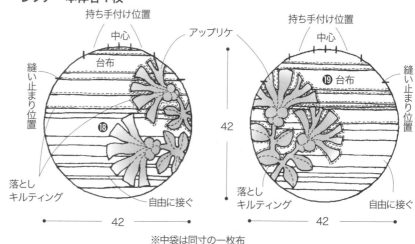

レフア　本体各1枚

※中袋は同寸の一枚布

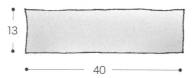

持ち手2枚

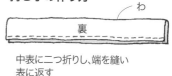

持ち手の作り方

中表に二つ折りし、端を縫い表に返す

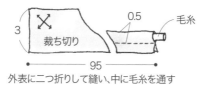

パイピングコード1本

外表に二つ折りして縫い、中に毛糸を通す

持ち手の付け方

口に持ち手を仮留めする

作り方

①
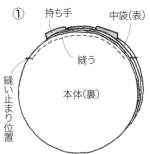

木体と中袋を中表に合わせ持ち手をはさんで縫い止まり位置から縫い止まり位置まで口を縫う

②
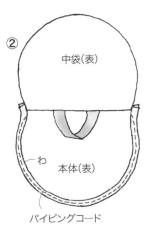

表に開いて片側の本体にパイピングコードをコードの縫い目の位置で縫い付ける

③
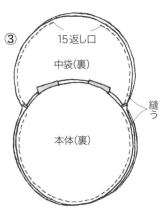

本体同士、中袋同士を合わせ縫い止まり位置から縫い止まり位置まで縫う
本体はコードの縫い目の位置で縫う
中袋の底に返し口を残す

④
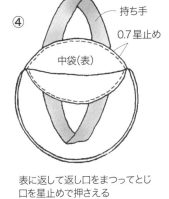

表に返して返し口をまつってとじ口を星止めで押さえる

---

11 アンモナイトのまんまるバッグ

実物大型紙は巻末型紙C㉒に掲載

出来上がり寸法:高さ42cm・幅42cm

材料

台布/90×45cm
モチーフ布/60×30cm
中袋布/90×45cm
裏打ち布/90×45cm
キルト綿/95×55cm
持ち手用布/50×30cm
パイピングコード用布/70×70cm
毛糸/適宜

作り方

1) アップリケをして本体のトップをまとめる。
2) 裏打ち布、キルト綿にトップを重ね、しつけをかけてキルティング。
3) 持ち手とパイピングコードを作る。
4) 本体と中袋を中表に合わせ、持ち手をはさんで縫い止まり位置から縫い止まり位置まで縫う。
5) 本体にパイピングコードを縫い付ける。
6) 本体同士、中袋同士を中表に合わせ、中袋に返し口を残して周囲を縫う。
7) 表に返して返し口をとじ、口を星止めで押さえる。

※作り方は、64ページの「モンステラとレフアのしましまバッグ」を参照

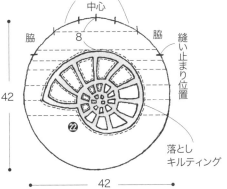

※1枚は左右対称にアップリケ
中袋は同寸の一枚布

持ち手4枚

パイピングコード1本
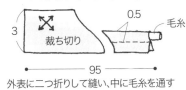

外表に二つ折りして縫い、中に毛糸を通す

持ち手の作り方
キルト綿を縫い目のきわでカット

2枚を中表に合わせ、キルト綿を重ねて縫い、表に返す

持ち手の付け方

口に持ち手を仮留めする

34 ハイビスカスのマリンバッグ

出来上がり寸法：高さ28.5cm・幅28.5cm

実物大型紙は巻末型紙B❼に掲載

材料

- 台布（見返し含む）／70×50cm
- モチーフ布／70×40cm
- 中袋布／60×30cm
- 裏打ち布／60×35cm
- キルト綿／60×35cm
- 接着芯／60×10cm
- 持ち手用直径1cmロープ／130cm
- 内寸1.2cmハトメ／4組

作り方

1) アップリケをして本体のトップをまとめる。
2) 裏打ち布、キルト綿にトップを重ね、しつけをかけてキルティング。
3) 見返しと中袋を作る。
4) 本体を中表に合わせて脇を縫い、表に返す。
5) 本体に中袋を外表に合わせ、口に見返しを中表に合わせて縫う。
6) 見返しを折り返して中袋にまつる。
7) 口を星止めする。
8) ハトメを付け、持ち手を通す。

長さ65 持ち手ロープ

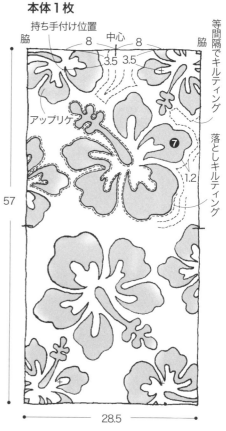

本体1枚

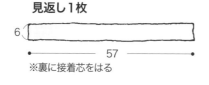

見返し1枚

※裏に接着芯をはる

見返しの作り方

中表に合わせて縫う

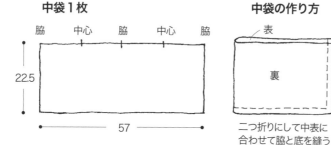

中袋1枚

中袋の作り方

二つ折りにして中表に合わせて脇と底を縫う

作り方

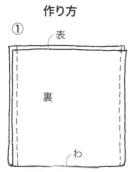

①
本体を中表に合わせて脇を縫う

②
本体を表に返し、内側に中袋を合わせ、口に見返しを中表に合わせて縫う

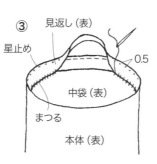

③
見返しを折り返して中袋にまつり口を星止めをする

持ち手の付け方

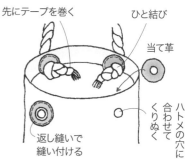

先にテープを巻く / ひと結び / 当て革
返し縫いで縫い付ける
ハトメの穴に合わせてくりぬく

縫い付けタイプのハトメを付け持ち手のロープを通して結ぶ

35 モンステラのパソコンケース

出来上がり寸法：高さ25cm・幅35cm

実物大型紙は巻末型紙B⑥に掲載

材料

- 台布／80×30cm
- モチーフ布／80×30cm
- 中袋布／80×30cm
- 裏打ち布／80×30cm
- キルト綿／80×60cm
- パイピングコード用布／50×50cm
- 長さ50cmファスナー／1本
- 毛糸／適宜

作り方

1) アップリケをして本体のトップをまとめる。
2) 裏打ち布、キルト綿2枚にトップを重ね、しつけをかけてキルティング。
3) パイピングコードを作り、本体に縫い付ける。
4) 中袋を作る。
5) 本体を中表に合わせ、ファスナー付け位置からファスナー付け位置まで底側を縫う。
6) 本体の口にファスナーを付ける。
7) 本体の内側に中袋をまつり付ける。

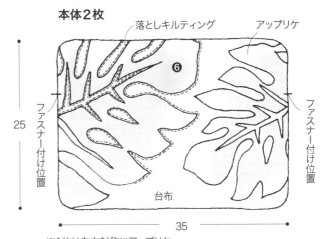

本体2枚

※1枚は左右対称にアップリケ
中袋は同寸の一枚布

パイピングコード長短各1本

外表に二つ折りして縫い、中に毛糸を通す

中袋の作り方

中表に合わせて、ファスナー付け位置からファスナー付け位置まで底側を縫う

本体のまとめ方

周囲にパイピングコードをコードの縫い目の位置で縫い付ける

ファスナー付け位置の上に、パイピングコードをコードの縫い目の位置で縫い付ける

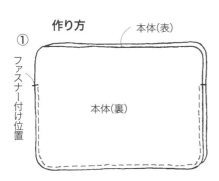

作り方

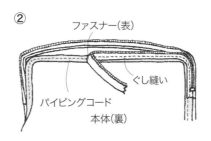

① 中表に合わせてファスナー付け位置からファスナー付け位置まで底側を縫う

② 口の縫い代を折り返してファスナーを付ける

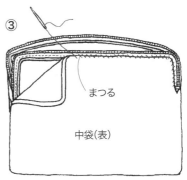

③ 中袋をかぶせてファスナーにまつる

01 モンステラとゲッコーのトートバッグ

実物大型紙は巻末型紙B①②に掲載

出来上がり寸法：高さ30cm・幅45cm・底18×34cm

材料

- 台布(底、見返し分含む)／100×65cm
- ゲッコーモチーフ布／30×20cm
- モンステラモチーフ布／95×35cm
- 中袋布／100×55cm
- 裏打ち布／100×55cm
- キルト綿／100×55cm
- 持ち手用幅5cm革テープ／105cm
- 直径1.8cmマグネットボタン／1組
- 直径1cmひも／40cm
- 接着芯／適宜
- 厚紙／適宜

作り方

1) リバースアップリケ、アップリケをして本体のトップをまとめる。底のトップは一枚布。
2) 裏打ち布、キルト綿にトップを重ね、しつけをかけてキルティング。
3) 本体を中表に合わせて筒に縫い、底を中表に合わせて縫う。
4) 中袋を本体同様に縫う。
5) 本体と見返しを中表に合わせ、持ち手をはさんで口を縫う。
6) 本体に中袋を外表に合わせ、見返しを折り返して中袋にまつる。
7) 見返しを星止めで押さえる。
8) 厚紙をカットした中敷きを中に入れる。

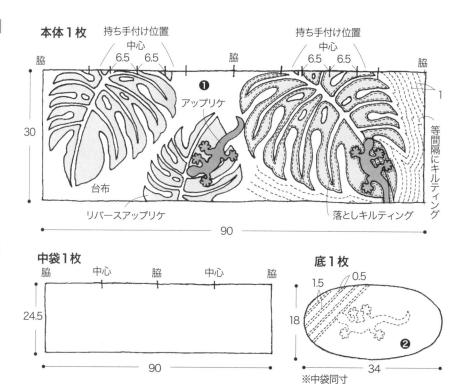

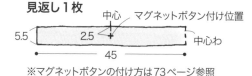

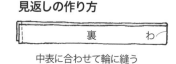

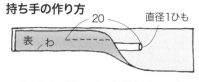

① 中表に合わせて筒に縫う

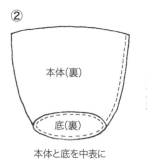
② 本体と底を中表に合わせて縫う

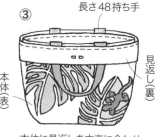
③ 本体に見返しを中表に合わせ 持ち手をはさんで縫う

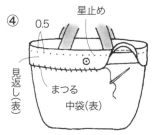
④ 本体の内側に中袋を合わせ 見返しを折り返して中袋にまつり 見返しを星止めで押さえる

02 モンステラのワンショルダー

実物大型紙は巻末型紙B③④に掲載

出来上がり寸法：高さ80cm・幅40cm・底10×30cm

材料

台布（底分含む）／100×90cm
モチーフ布／100×90cm
中袋布／100×90cm
裏打ち布／100×90cm
キルト綿／100×90cm
直径2cmマグネットボタン／1組
接着芯／適宜

作り方

1) リバースアップリケをして本体のトップをまとめる。底のトップは一枚布。
2) 裏打ち布、キルト綿にトップを重ね、しつけをかけてキルティング。
3) 本体を中表に合わせて筒に縫う。中袋も同様に縫う。
4) 本体と中袋を中表に合わせ、口と持ち手を縫う。
5) 本体を表に返し、中袋を星止めで押さえる。
6) 本体と底を中表に合わせて縫う。
7) 中袋底を中袋にまつり付ける。
8) 肩ひもを好みの長さでまつり合わせる。

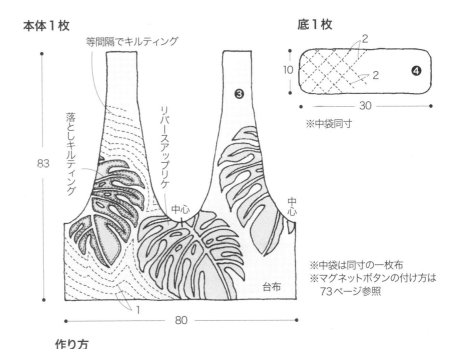

※中袋同寸
※中袋は同寸の一枚布
※マグネットボタンの付け方は73ページ参照

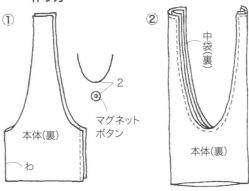
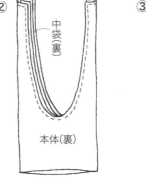
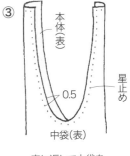

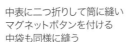

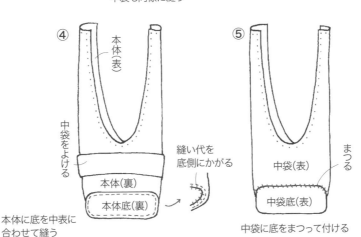

03 ぐるぐるのワンショルダー

出来上がり寸法：高さ80cm・幅40cm・底10×30cm

実物大型紙は巻末型紙C⑭⑮に掲載

材料

台布（底分含む）／100×90cm
アップリケモチーフ布／30×35cm
リバースアップリケモチーフ布／100×90cm
中袋布／100×90cm
裏打ち布／100×90cm
キルト綿／100×90cm

作り方

1）リバースアップリケ、アップリケをして本体のトップをまとめる。底のトップは一枚布。
2）裏打ち布、キルト綿にトップを重ね、しつけをかけてキルティング。
3）本体を中表に合わせて筒に縫う。中袋も同様に縫う。
4）本体と中袋を中表に合わせ、口と持ち手を縫う。
5）本体を表に返し、中袋を星止めで押さえる。
6）本体と底を中表に合わせて縫う。
7）中袋底を中袋にまつり付ける。
8）肩ひもを好みの長さでまつり合わせる。

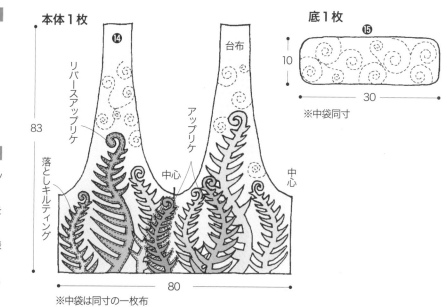

作り方

① 中表に二つ折りして筒に縫う 中袋も同様に縫う

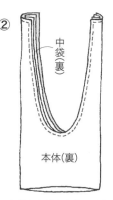

② 本体と中袋を中表に合わせ 持ち手から口周りを縫う

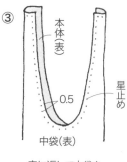

③ 表に返して中袋を星止めで押さえる

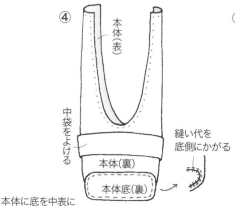

④ 本体に底を中表に合わせて縫う

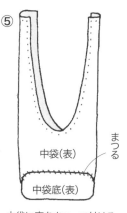

⑤ 中袋に底をまつって付ける

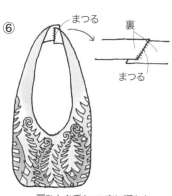

⑥ 肩ひもを重ねて、表に響かないように好みの長さにまつる

05 ぐるぐるのペンケース

出来上がり寸法：高さ20cm・幅8.5cm・底直径8.5cm

実物大型紙は巻末型紙D⑫⑬に掲載

材料

台布(底、パイピング分含む)／60×35cm
モチーフ布2種／各適宜
中袋布／40×25cm
裏打ち布／40×25cm
キルト綿／40×25cm
長さ20cmファスナー／1本
幅1cmリボン／10cm
直径8cm高さ11cm容器／1個

作り方

1) リバースアップリケ、アップリケをして本体のトップをまとめる。底のトップは一枚布。
2) 裏打ち布、キルト綿にトップを重ね、しつけをかけてキルティング。
3) 本体の周囲をパイピングで始末する。
4) 本体の口にファスナーを付け、中表に合わせて脇を巻きかがりで縫う。
5) 本体と底を中表に合わせて縫う。
6) 中袋を作る。
7) 本体の脇にループを仮留めし、ファスナーに中袋をまつる。
8) 容器を入れる。

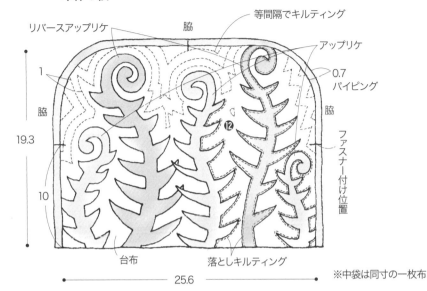

本体1枚

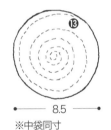

底1枚 8.5 ※中袋同寸

作り方

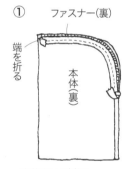

① 本体を二つ折りし脇からファスナー付け位置までファスナーを付ける

② 底からファスナー付け位置まで巻きかがりで縫う

中袋の作り方

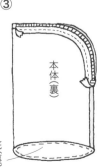

中表に二つ折りし底からファスナー付け位置まで縫い、底を中表に合わせて縫う

③ 本体と底を中表に合わせて縫いキルト綿の縫い代を縫い目のきわでカットする

④ 脇にループを仮留めし本体の内側に中袋をまつり付ける

04 ぐるぐるのトートバッグ

出来上がり寸法：高さ36cm・幅44cm・底17×37cm

実物大型紙は巻末型紙A①②に掲載

材料

台布（底分含む）／100×60cm
アップリケモチーフ布／50×40cm
リバースアップリケモチーフ布／100×40cm
中袋布（中敷き分含む）／100×80cm
裏打ち布／100×60cm
キルト綿／100×60cm
プラスチック板／40×20cm
持ち手用幅4cm革テープ／100cm

作り方

1）リバースアップリケ、アップリケをして本体のトップをまとめる。底のトップは一枚布。
2）裏打ち布、キルト綿にトップを重ね、しつけをかけてキルティング。
3）本体を中表に合わせて筒に縫い、底を中表に合わせて縫う。
4）中袋は返し口を残して本体同様に縫う。
5）本体と中袋を中表に合わせ、持ち手をはさんで口を縫う。
6）表に返して返し口をとじる。
7）中袋を星止めで押さえる。

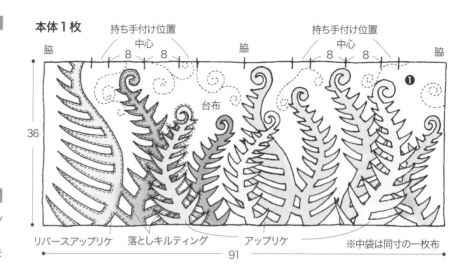

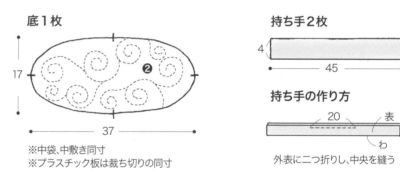

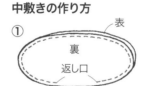

中敷きの作り方

作り方

中表に合わせて筒に縫う

本体と底を中表に合わせて縫う
中袋は返し口を残して同様に縫う

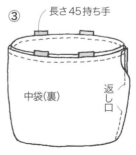
本体と中袋を中表に合わせ
持ち手をはさんで縫う

表に返して返し口をまつってとじ
中袋を星止めで押さえる

06 タロリーフのトートバッグ

出来上がり寸法：高さ35cm・幅50cm・底15×35cm

実物大型紙は巻末型紙B⑭⑮に掲載

材料

台布（底、持ち手分含む）／110×65cm
モチーフ布／100×40cm
中袋布（見返し分含む）／100×60cm
裏打ち布／110×60cm
キルト綿／110×60cm
接着芯／適宜
直径2cmマグネットボタン／1組

作り方

1) アップリケをして本体のトップをまとめる。底のトップは一枚布。
2) 裏打ち布、キルト綿にトップを重ね、しつけをかけてキルティング。
3) 本体を中表に合わせて脇を縫い、底を中表に合わせて縫う。
4) 見返しと中袋を作り、見返しにマグネットボタンを付ける。
5) 持ち手を作る。
6) 本体と見返しを中表に合わせ、持ち手をはさんで口を縫う。
7) 本体に中袋を外表に合わせ、見返しを折り返して中袋にまつる。
8) 中袋を星止めで押さえる。

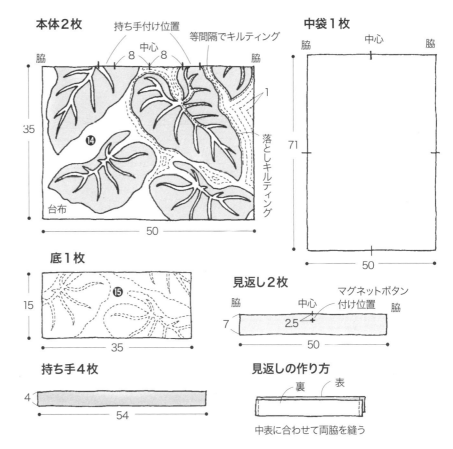

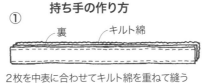

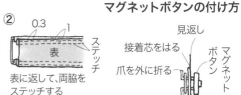

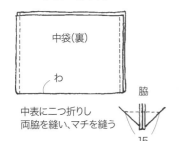

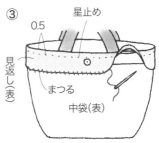

07 タロリーフのましかくポシェット

出来上がり寸法:高さ27cm・幅31cm

実物大型紙は巻末型紙B⑯⑰に掲載

材料

台布(肩ひもA、見返し分含む)／110×40cm
モチーフ布(肩ひもB分含む)／110×40cm
中袋布／70×25cm
裏打ち布／70×35cm
キルト綿／110×45cm
接着芯／70×10cm
直径2cmマグネットボタン／1組

作り方

1) リバースアップリケをして本体のトップをまとめる。
2) 裏打ち布、キルト綿にトップを重ね、しつけをかけてキルティング。
3) 本体を中表に合わせて周囲を縫う。
4) 中袋を中表に合わせて返し口を残して縫い、マグネットボタンを付ける。
5) 肩ひもを作る。
6) 本体と中袋を中表に合わせ、肩ひもをはさんで口を縫う。
7) 表に返して返し口をとじる。
8) 中袋を星止めで押さえる。

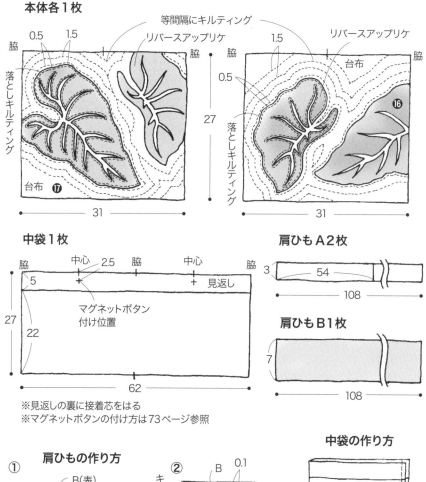

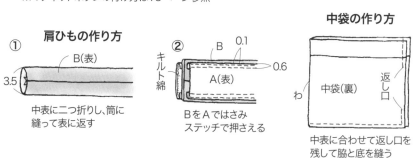

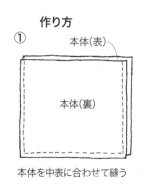

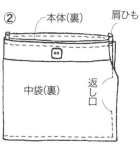

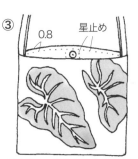

10 ハイビスカスのソーイングケース

出来上がり寸法:高さ24.5cm・幅14cm

実物大型紙は巻末型紙D❻に掲載

材料

- 台布(パイピング分含む)／75×75cm
- モチーフ布／35×35cm
- 裏打ち布／35×35cm
- キルト綿／35×35cm
- ピンクッション用フェルト／10×10cm
- 長さ50cmファスナー／1本
- 接着芯／40×30cm

作り方

1) リバースアップリケをして本体のトップをまとめる。
2) 裏打ち布、キルト綿にトップを重ね、しつけをかけてキルティング。
3) 本体の周囲をパイピングで始末する。
4) ファスナーを付ける。
5) ピンクッションを付けてポケットを作り、裏布を作る。
6) 本体の内側に裏布をまつる。

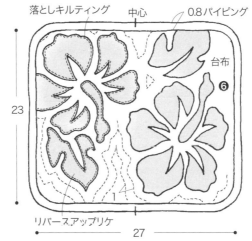

本体1枚 / 落としキルティング / 中心 / 0.8パイピング / 台布 ❻ / リバース.アップリケ / 23 / 27 / 1

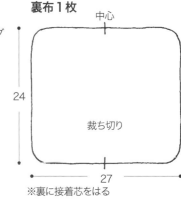

裏布1枚 / 中心 / 24 / 裁ち切り / 27 / ※裏に接着芯をはる

ピンクッション2枚 / 裁ち切り / ピンキングばさみでカット / 5 / 7

ポケットBの作り方

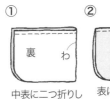

① 裏 / わ / 中表に二つ折りしポケット口を縫う
② 0.2 / 表 / わ / 表に返してポケット口をステッチで押さえる

裏布の作り方

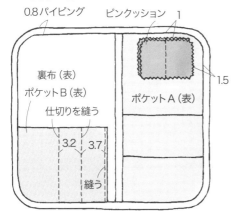

0.8パイピング / ピンクッション / 1 / 裏布(表) / ポケットB(表) / 仕切りを縫う / ポケットA(表) / 1.5 / 3.2 / 3.7 / 縫う

裏布にポケットAを重ね、Bを縫い付けて周囲をパイピングで始末する
パイピングの裏はまつらずに折り返したままにする

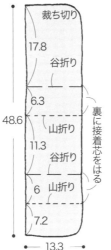

ポケットA1枚 / 裁ち切り / 17.8 / 谷折り / 6.3 / 山折り / 11.3 / 谷折り / 6 / 山折り / 7.2 / 48.6 / 13.3 / 裏に接着芯をはる

※裏布やポケットの角のカーブは本体と同じ型紙を使う

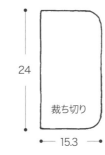

ポケットA裏布1枚 / 24 / 裁ち切り / 15.3

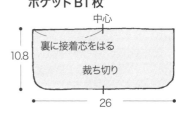

ポケットB1枚 / 中心 / 10.8 / 裏に接着芯をはる / 裁ち切り / 26

ポケットAの作り方

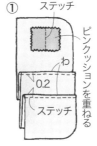

① ステッチ / わ / 0.2 / ピンクッションを重ねる / 折り線で折って口をステッチする

② ポケットA(表) / 裏布(裏) / 裏布を中表に合わせて縫う

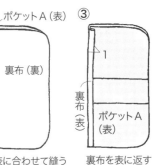

③ 1 / 裏布(表) / ポケットA(表) / 裏布を表に返す

作り方

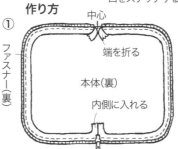

① ファスナー(裏) / 中心 / 端を折る / 本体(裏) / 内側に入れる

本体の周囲にファスナーの歯をパイピングの端に合わせて縫い付ける

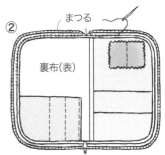

② まつる / 裏布(表)

内側に裏布を重ねてファスナーにまつり付ける

08 ピンクのハイビスカストート

出来上がり寸法:高さ38cm・幅29.5cm・底直径29.5cm

実物大型紙は巻末型紙A❻❼に掲載

材料

台布(持ち手A、C、底、留め布分含む)／100×75cm
モチーフ布(持ち手B、パイピングコード分含む)／100×75cm
中袋布(中敷き分含む)／100×75cm
裏打ち布／100×75cm
キルト綿／100×75cm
幅4cm平テープ／60cm
直径2cmマグネットボタン／1組
プラスチック板／30×30cm
毛糸／適宜

作り方

1) リバースアップリケをして本体のトップをまとめる。底のトップは一枚布。
2) 裏打ち布、キルト綿にトップを重ね、しつけをかけてキルティング。
3) 持ち手、パイピングコード、留め布を作る。
4) 底にパイピングコードを縫い付ける。
5) 本体を中表に合わせ、筒に縫う。
6) 本体と底を中表に合わせて縫う。
7) 中袋を本体同様に縫う。
8) 本体と中袋を中表に合わせ、持ち手と留め布をはさんで口を縫う。
9) 表に返して返し口をとじ、口を星止めで押さえる。
10) 中敷きを作って入れる。

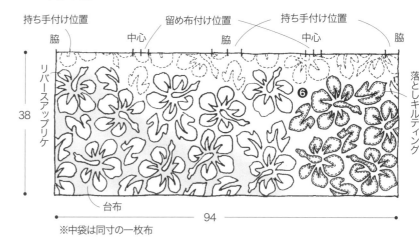

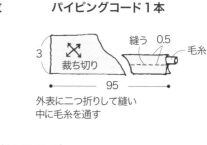

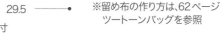

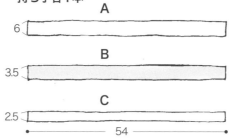

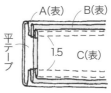

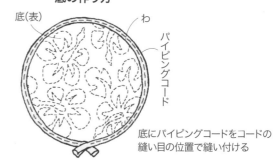

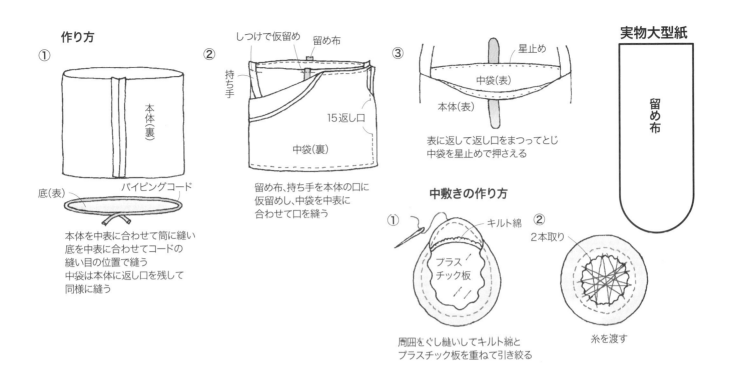

10 ハイビスカスのシザーズケース

実物大型紙は巻末型紙D⑤に掲載

出来上がり寸法：高さ25cm・幅10.5cm

材料

台布（パイピング分含む）／60×30cm
モチーフ布／25×30cm
中袋布／25×30cm
裏打ち布／25×30cm
キルト綿／25×30cm
長さ20cmファスナー／1本

作り方

1) リバースアップリケをして本体のトップをまとめる。
2) 裏打ち布、キルト綿にトップを重ね、しつけをかけてキルティング。
3) 本体の周囲をパイピングで始末する。
4) 本体にファスナーを付け、ファスナー付け位置から先端まで巻きかがりでとじる。
5) 中袋を作り、本体の内側に入れてファスナーに付ける。

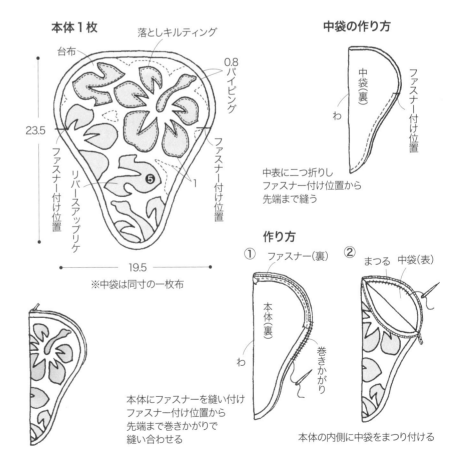

How to make ... 77

09 ハイビスカスのミニミニバッグ

出来上がり寸法：高さ21cm・幅30cm・底10.5×24cm

実物大型紙は巻末型紙A⑰⑱に掲載

材料

台布（底、持ち手、見返し分含む）／80×45cm
モチーフ布（持ち手分含む）／65×45cm
中袋布（中敷き分含む）／80×40cm
裏打ち布／80×30cm
キルト綿／80×30cm
直径1cmひも／420cm
直径2cmマグネットボタン／1組
プラスチック板／25×15cm
接着芯／適宜

作り方

1) リバースアップリケして本体のトップをまとめる。底のトップは一枚布。
2) 裏打ち布、キルト綿にトップを重ね、しつけをかけてキルティング。
3) 本体を中表に合わせて筒に縫い、底を中表に合わせて縫う。
4) 中袋を本体同様に縫う。
5) 持ち手と見返しを作り、見返しにマグネットボタンを付ける。
6) 本体と見返しを中表に合わせ、持ち手をはさんで口を縫う。
7) 本体に中袋を外表に合わせ、見返しを折り返して中袋にまつる。
8) 中袋を星止めで押さえる。
9) 中敷きを作って入れる。

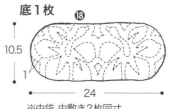

本体1枚　台布
持ち手付け位置　中心　脇　5.5 5.5
落としキルティング　リバースアップリケ
21 / 60

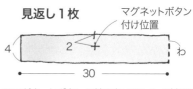

底1枚 ⑱
10.5 / 1 / 24
※中袋、中敷き2枚同寸
※プラスチック板は裁ち切りの同寸

見返し1枚
マグネットボタン付け位置
4 / 2 / 30 / わ
※マグネットボタンの付け方は73ページ参照

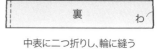

見返しの作り方
裏　わ
中表に二つ折りし、輪に縫う

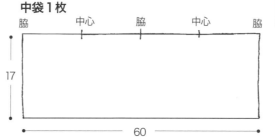

中袋1枚
脇　中心　脇　中心　脇
17 / 60

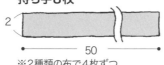

持ち手8枚
2 / 50
※2種類の布で4枚ずつ

持ち手の作り方
表　ひも
中表に二つ折りして縫い表に返して、ひもを通す

四つ編みのしかた

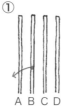
① A B C D
BがAの上になるように交差する

② B A C D
DがCの上になるように交差する

③ B A D C
AがDの上になるように交差する

④ B D A C
①～③の交差を繰り返して編む

⑤
先端を縫い止める

中敷きの作り方

① 裏　返し口　表
中表に合わせ、返し口を残して周囲を縫う

② 表
表に返してプラスチック板を入れて、返し口をとじる

① 作り方
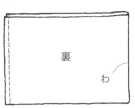
中表に合わせて筒に縫う

②
本体と底を中表に
合わせて縫う
中袋も同様に縫う

③ 見返し(裏)

持ち手
本体に持ち手をしつけで仮留めし
見返しを中表に合わせ
持ち手をはさんで縫う

④ 星止め

見返し(表)
まつる
中袋(表)
本体の内側に中袋を合わせ
見返しを折り返しく中袋にまつり
見返しを星止めで押さえる

15 シェルのバッグインバッグ

実物大型紙は巻末型紙C❸に掲載

出来上がり寸法：高さ15.5cm・幅28cm・マチ6cm

材料

台布／35×45cm
モチーフ布／35×45cm
中袋布／35×45cm
裏打ち布／35×45cm
キルト綿／35×45cm
持ち手用幅2.5cm平テープ／60cm

作り方

1) リバースアップリケをして本体のトップをまとめる。
2) 裏打ち布、キルト綿にトップを重ね、しつけをかけてキルティング。
3) 本体を中表に合わせて脇を縫い、マチを縫う。
4) 中袋を返し口を残して本体同様に縫う。
5) 本体と中袋を中表に合わせ、持ち手をはさんで口を縫う。
6) 表に返して返し口をとじる。
7) 中袋を星止めで押さえる。

本体1枚　持ち手付け位置
中心
3.5　3.5
脇　リバースアップリケ
脇
落としキルティング
37
底中心
❸
台布
図案を自由にキルティング
28
※中袋は同寸の一枚布

① 作り方
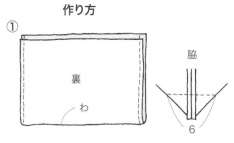
脇
6
中表に二つ折りして両脇を縫い、マチを縫う
中袋は返し口を残して同様に縫う

② 長さ25持ち手

中袋(裏)
返し口
本体に持ち手をしつけで仮留めし
本体と中袋を中表に合わせ
持ち手をはさんで口を縫う

③ 0.5　星止め

表に返して返し口をまつってとじ
中袋を星止めで押さえる

How to make ... 79

13 シェルいっぱいのバッグ

出来上がり寸法：高さ35cm・幅50cm・底25×25cm

実物大型紙は巻末型紙B⑫⑬に掲載

材料

台布(持ち手、底分含む)／110×75cm
モチーフ布／110×70cm
中袋布／110×70cm
裏打ち布／110×70cm
キルト綿／110×70cm
幅2.5cm平テープ／90cm
プラスチック板／25×25cm

作り方

1) リバースアップリケ、アップリケをして本体のトップをまとめる。底のトップは一枚布。
2) 裏打ち布、キルト綿にトップを重ね、しつけをかけてキルティング。
3) 持ち手を作る。
4) 本体を中表に合わせ、筒に縫う。
5) 本体と底を中表に合わせて縫う。
6) 中袋は返し口を残して本体同様に縫う。
7) 本体と中袋を中表に合わせ、持ち手をはさんで口を縫う。
8) 表に返して返し口をとじ、口を星止めで押さえる。

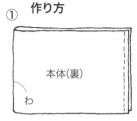

① 作り方

本体を中表に折り、脇を縫う

② 本体と底を中表に合わせて縫う
中袋は底の一辺を返し口に残して縫う

③ 本体に持ち手を仮留めし
本体と中袋を中表に合わせて口を縫う
本体と中袋は脇の縫い目の位置が重ならないようにずらす

④ 表に返して本体と中袋の角の縫い代同士を数針縫って中とじし、返し口をまつってとじ中袋を星止めで押さえる

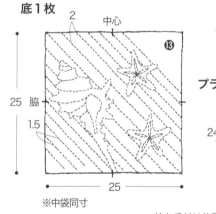

底1枚　※中袋同寸

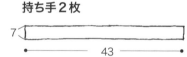

持ち手2枚

プラスチック板1枚　裁ち切り 24×24

持ち手の作り方

中表に合わせて縫い
縫い目を中央に折り直して
平テープを重ねて縫う

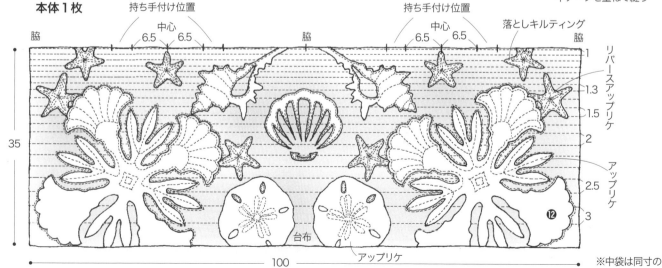

本体1枚　※中袋は同寸の一枚布

14 スカシカシパンのポーチ

出来上がり寸法:高さ18.5cm・幅21cm・マチ6cm

実物大型紙は巻末型紙B⑤に掲載

材料

- 台布(パイピング分含む)/60×50cm
- モチーフ布/30×20cm
- 中袋布/25×45cm
- 裏打ち布/25×45cm
- キルト綿/25×45cm
- 長さ24cmファスナー/1本

作り方

1) アップリケをして本体のトップをまとめる。
2) 裏打ち布、キルト綿にトップを重ね、しつけをかけてキルティング。
3) 口をパイピングで始末する。
4) 本体を中表に二つ折りし、口にファスナーを付ける。
5) 底からファスナー付け位置まで巻きかがりで縫う。
6) マチを縫う。
7) 中袋を作る。
8) ファスナーに中袋を付ける。

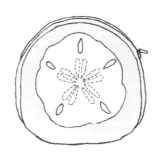

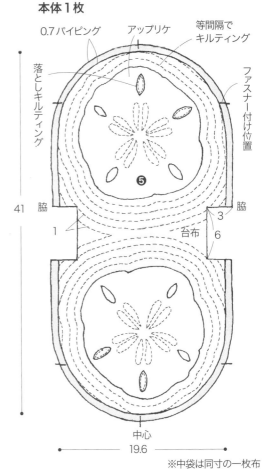

中袋の作り方

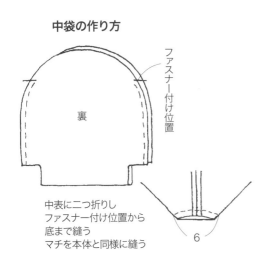

中表に二つ折りし
ファスナー付け位置から
底まで縫う
マチを本体と同様に縫う

作り方

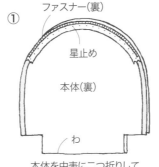

① 本体を中表に二つ折りして口にファスナーを縫い付ける

② 底からファスナー付け位置まで巻きかがりで縫う

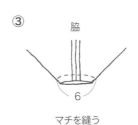

③ マチを縫う

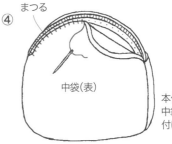

④ 本体の内側に中袋をまつり付ける

16 シェルのぺたんこポーチ

出来上がり寸法：大高さ24cm・幅34cm　小高さ21cm・幅30cm

実物大型紙は巻末型紙C❶❷に掲載

材料

台布（パイピング分含む）／大95×60、小85×50cm
モチーフ布／大35×50、小35×45cm
中袋布（小はポケット分含む）／大35×50、小65×45cm
小ポケットパイピング用布／30×30cm
裏打ち布／大35×50、小35×45cm
キルト綿／大35×50、小35×45cm
大長さ45cmファスナー、小長さ45cm両開きファスナー／1本

作り方

1) リバースアップリケをして本体のトップをまとめる。
2) 裏打ち布、キルト綿にトップを重ね、しつけをかけてキルティング。
3) 周囲をパイピングで始末する。
4) 小はポケットを作り、中袋に重ねて縫う。
5) 中袋を作る。
6) 本体の口にファスナーを付ける。
7) 本体の両脇を巻きかがりで縫う。
8) ファスナーに中袋をまつる。

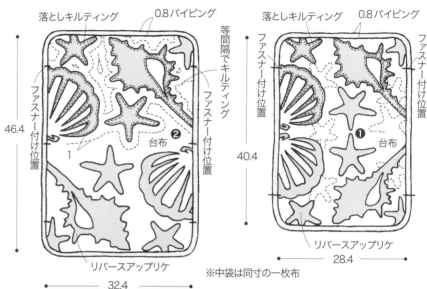

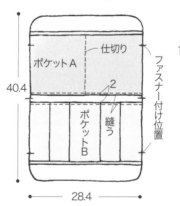

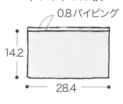

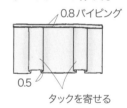

中袋の作り方（共通）

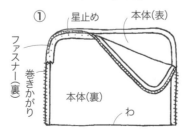

中表に二つ折りし、底からファスナー付け位置まで両脇を縫う

作り方（共通）

本体の内側に中心を合わせてファスナーを縫い付け底からファスナー付け位置まで中表に合わせて巻きかがりで縫う

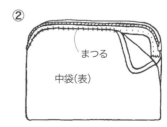

本体の内側に中袋をまつり付ける

12 スカシカシパンの半円バッグ

実物大型紙は巻末型紙C⑨に掲載

出来上がり寸法：高さ29cm・幅49cm

材料

台布／110×35cm
モチーフ布／45×25cm
中袋布／110×35cm
裏打ち布／110×35cm
キルト綿／110×35cm
持ち手用布（パイピングコード分含む）／65×65cm
毛糸／適宜

作り方

1) アップリケをして本体のトップをまとめる。
2) 裏打ち布、キルト綿にトップを重ね、しつけをかけてキルティング。
3) 持ち手を作る。
4) パイピングコードを作り、本体に縫い付ける。
5) 本体2枚を中表に合わせて縫う。
6) 中袋を返し口を残して同様に縫う。
7) 本体と中袋を中表に合わせ、持ち手をはさんで口を縫う。
8) 表に返して返し口をとじる。
9) 中袋を星止めで押さえる。

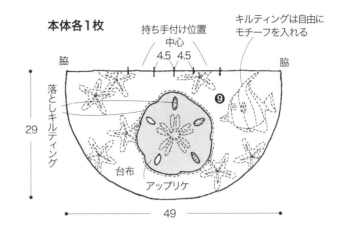

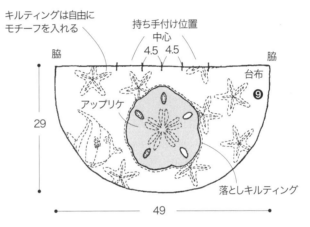

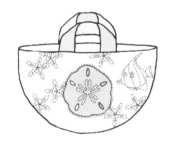

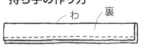

作り方

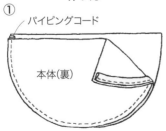

本体の片方にパイピングコードをコードの縫い目の位置で縫い付け、もう片方を中表に合わせて縫い目の位置で縫う
中袋は返し口を残して同様に縫う

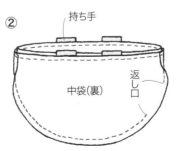

本体に持ち手をしつけで仮留めし
中袋を中表に合わせて持ち手をはさんで縫う

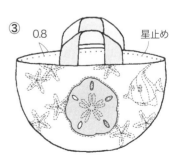

表に返して返し口をまつってとじ
中袋を星止めで押さえる

17 マンタが泳ぐショルダーバッグ

出来上がり寸法：高さ40cm・幅40cm

実物大型紙は巻末型紙C⑧に掲載

材料

- 台布A・B各／30×30cm
- 台布C（本体後ろ分含む）／90×50cm
- モチーフ布／40×40cm
- 中袋布／90×45cm
- 裏打ち布／90×45cm
- キルト綿／90×45cm
- 肩ひも用幅4.5cm平テープ／115cm

作り方

1) アップリケをして本体のトップをまとめる。
2) 裏打ち布、キルト綿にトップを重ね、しつけをかけてキルティング。
3) 本体を中表に合わせ、周囲を縫う。
4) 中袋を中表に合わせて返し口を残して縫う。
5) 本体と中袋を中表に合わせ、肩ひもをはさんで口を縫う。
6) 表に返して返し口をとじる。
7) 中袋を星止めで押さえる。

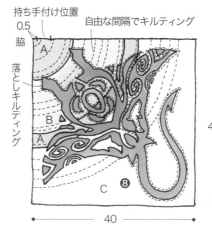
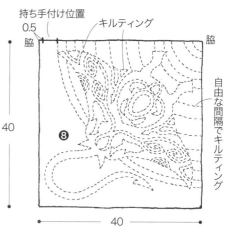

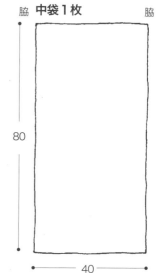

作り方

① 本体を中表に合わせ周囲を縫う

② 中袋を中表に二つ折りし返し口を残して両脇を縫う

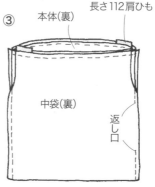

③ 本体と中袋を中表に合わせ肩ひもをはさんで口を縫う

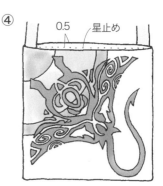

④ 表に返して返し口をまつってとじ中袋を星止めで押さえる

20 ホヌのショルダーバッグ

出来上がり寸法：高さ31cm・幅34cm・マチ6cm

実物大型紙は巻末型紙C⑯に掲載

材料

- 台布（本体後ろ、マチ、見返し分含む）／100×50cm
- モチーフ布（パイピングコード分含む）／80×70cm
- 中袋布（マチ分含む）／100×40cm
- 裏打ち布／100×50cm
- キルト綿／100×50cm
- 肩ひも用幅4cm革テープ／125cm
- 毛糸／適宜
- 直径2.3cm縫い付けマグネットボタン／1組

作り方

1) アップリケをして本体前のトップをまとめる。本体後ろとマチのトップは一枚布。
2) 裏打ち布、キルト綿にトップを重ね、しつけをかけてキルティング。
3) パイピングコードを作り、マチに縫い付ける。
4) 本体とマチを中表に合わせて縫う。
5) 中袋を返し口を残して同様に縫う。
6) 本体と中袋を中表に合わせ、肩ひもをはさんで口を縫う。
7) 表に返して返し口をとじ、口をステッチで押さえる。
8) マグネットボタンを付ける。

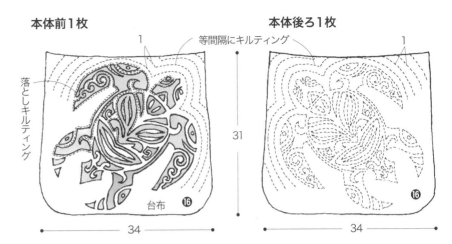

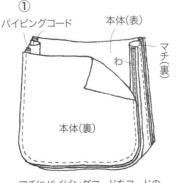

マチにパイピングコードをコードの縫い目の位置で縫い付け
本体を中表に合わせて縫い目の位置で縫う
中袋は底に返し口を残して同様に縫う

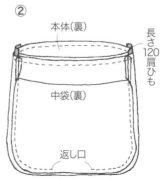

本体と中袋を中表に合わせ
肩ひもをはさんで口を縫う

表に返して返し口をまつってとじ
口をステッチで押さえる
マグネットボタンを付ける

18 19 マンタとホヌのましかくバッグ

出来上がり寸法:高さ35cm・幅35cm・マチ10cm

実物大型紙は巻末型紙B⑨〜⑪に掲載

材料(共通)

- 台布(マチ、持ち手分含む)／110×70cm
- モチーフ布／75×40cm
- 中袋布(中敷き分含む)／110×55cm
- 裏打ち布／110×55cm
- キルト綿／110×70cm
- パイピングコード用布／80×80cm
- 幅3cm平テープ／100cm
- 毛糸／適宜
- プラスチック板／35×10cm

作り方

1) アップリケをして本体のトップをまとめる。マチのトップは一枚布。
2) 裏打ち布、キルト綿にトップを重ね、しつけをかけてキルティング。
3) 持ち手を作る。
4) パイピングコードを作り、本体に縫い付ける。
5) 本体とマチを中表に合わせて縫う。
6) 中袋を返し口を残して本体同様に縫う。
7) 本体と中袋を中表に合わせ、持ち手をはさんで縫う。
8) 表に返して返し口をとじ、中袋を星止めする。

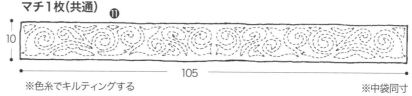

ホヌ本体2枚　マンタ本体2枚
※中袋は同寸の一枚布

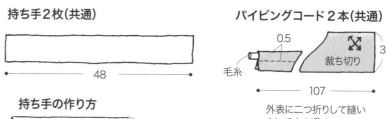

マチ1枚(共通)
※色糸でキルティングする　※中袋同寸

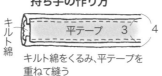

持ち手2枚(共通)

持ち手の作り方
キルト綿をくるみ、平テープを重ねて縫う

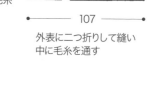

パイピングコード2本(共通)
外表に二つ折りして縫い
中に毛糸を通す

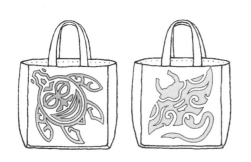

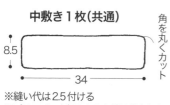

中敷き1枚(共通)
※縫い代は2.5付ける
※プラスチック板とキルト綿は裁ち切り
※作り方は89ページのティキのショルダーバッグ参照

作り方

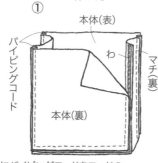

① マチにパイピングコードをコードの縫い目の位置で縫い付け
本体を中表に合わせて縫い目の位置で縫う
中袋は返し口を残して同様に縫う

② 本体と中袋を中表に合わせ持ち手をはさんで縫う

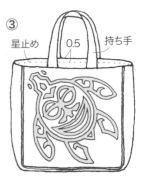

③ 表に返して返し口をまつってとじ中袋を星止めで押さえる

21 ホヌのぺたんこバッグ

出来上がり寸法：高さ45cm・幅45cm

実物大型紙は巻末型紙C⑰に掲載

材料

台布（見返し分含む）／100×60cm
モチーフ布／100×50cm
中袋布／85×50cm
裏打ち布／100×60cm
キルト綿／100×60cm
持ち手用幅1.5cm革テープ／115cm

作り方

1) アップリケをして本体のトップをまとめる。
2) 裏打ち布、キルト綿にトップを重ね、しつけをかけてキルティング。
3) 本体を中表に合わせ、両脇を縫う。
4) 中袋を返し口を残して同様に縫う。
5) 本体と中袋を中表に合わせ、持ち手をはさんで口を縫う。
6) 表に返して返し口をとじる。
7) 中袋を星止めで押さえる。

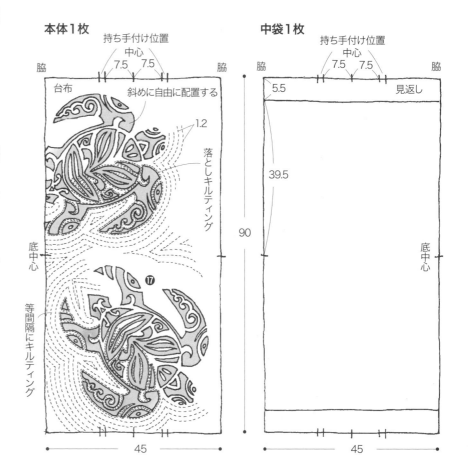

作り方

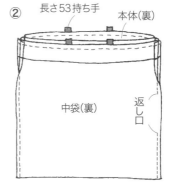

① 中表に二つ折りして両脇を縫う
中袋は返し口を残して同様に縫う

② 本体に持ち手をしつけで仮留めし
本体と中袋を中表に合わせ
持ち手をはさんで口を縫う

③ 表に返して返し口をまつってとじ
中袋を星止めで押さえる

How to make ... 87

22 三つの顔のティキバッグ

出来上がり寸法:高さ33cm・幅44cm・底17×37cm

実物大型紙は巻末型紙C❹～❼に掲載

材料

台布(持ち手A・C、底、見返し分含む)／110×80cm
モチーフ布(持ち手B分含む)／90×45cm
中袋布(中敷き分含む)／95×75cm
裏打ち布／100×60cm
キルト綿／100×60cm
幅3cm平テープ／110cm
プラスチック板／20×40cm

作り方

1)アップリケをして本体のトップをまとめる。底のトップは一枚布。
2)裏打ち布、キルト綿にトップを重ね、しつけをかけてキルティング。
3)本体と底を中表に合わせて縫う。
4)中袋を返し口を残して本体同様に縫う。
5)持ち手を作る。
6)本体と中袋を中表に合わせ、持ち手をはさんで口を縫う。
7)表に返して返し口をとじる。
8)中袋を星止めで押さえる。

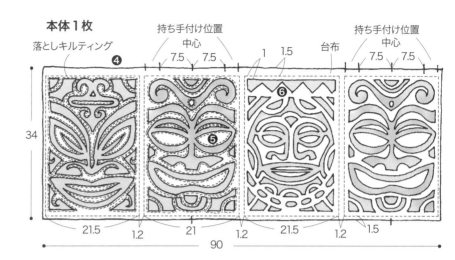

本体1枚　落としキルティング

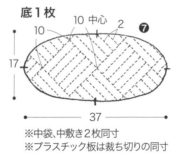

底1枚

※中袋、中敷き2枚同寸
※プラスチック板は裁ち切りの同寸

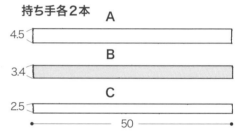

持ち手各2本 A / B / C

中袋1枚

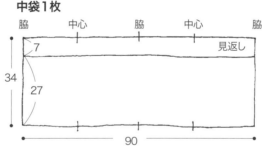

持ち手の作り方

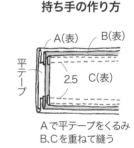

Aで平テープをくるみ
B、Cを重ねて縫う

中敷きの作り方

① 中表に合わせ、返し口を残して周囲を縫う
② プラスチック板を入れ返し口をとじる

作り方

① 本体を中表に合わせて筒に縫い
底を中表に合わせて縫う
中袋は脇に返し口を残して同様に縫う

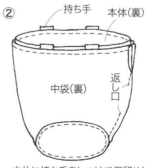

② 本体に持ち手をしつけで仮留めし
本体と中袋を中表に合わせ
持ち手をはさんで口を縫う

③ 表に返して返し口をまつってとじ
中袋を星止めで押さえる

23 ティキのショルダーバッグ

実物大型紙は巻末型紙B⑧に掲載

出来上がり寸法：高さ28cm・幅30cm・マチ8cm

材料

台布(本体後ろ、マチ、持ち手裏布分含む)／85×55cm
モチーフ布／35×35cm
持ち手用布(中袋分含む)／85×55cm
裏打ち布／85×45cm
キルト綿／85×55cm
パイピングコード用布／60×60cm
毛糸／適宜
プラスチック板／20×10cm

作り方

1) アップリケをして本体前のトップをまとめる。本体後ろとマチのトップは一枚布。
2) 裏打ち布、キルト綿にトップを重ね、しつけをかけてキルティング。
3) パイピングコードを作り、マチに縫い付ける。
4) 本体とマチを中表に合わせて縫う。
5) 中袋を返し口を残して同様に縫う。
6) 持ち手をパイピングコードをはさんで作る。
7) 本体と中袋を中表に合わせ、持ち手をはさんで口を縫う。
8) 表に返して返し口をとじ、中袋を星止めで押さえる。

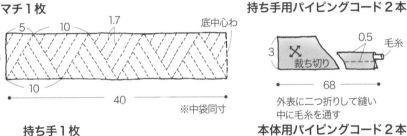

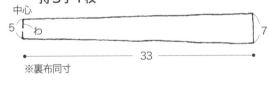

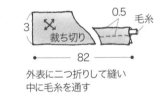

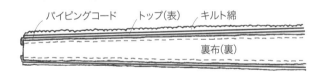

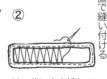

24 月下美人とモンステラのましかくバッグ

出来上がり寸法:高さ35cm・幅35cm・マチ10cm

実物大型紙は巻末型紙C⑩⑪に掲載

材料

台布（マチ、持ち手、見返し分含む）／110×70cm
モチーフ布／80×35cm
中袋布／110×55cm
裏打ち布／110×55cm
キルト綿／110×55cm
幅3cm平テープ／120cm

作り方

1) アップリケをして本体のトップをまとめる。マチのトップは一枚布。
2) 裏打ち布、キルト綿にトップを重ね、しつけをかけてキルティング。
3) 本体とマチを中表に合わせて縫う。
4) 見返しを中表に合わせて輪に縫う。
5) 中袋を本体同様に縫う。
6) 持ち手を作る。
7) 本体と見返しを中表に合わせ、持ち手をはさんで口を縫う。
8) 本体に中袋を外表に合わせ、見返しを折り返して中袋にまつる。
9) 中袋を星止めで押さえる。

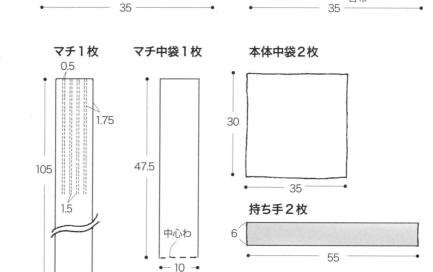

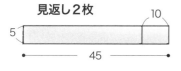

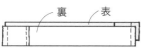

※持ち手の作り方は91ページのハイビスカスのましかくバッグ参照

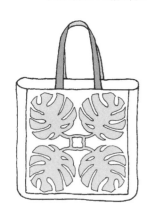

作り方

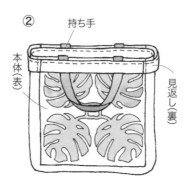

① 本体とマチを中表に合わせて縫う
中袋も同様に縫う

② 本体に持ち手をしつけで仮留めし
見返しを中表に合わせて
持ち手をはさんで縫う

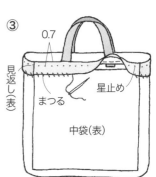

③ 本体の内側に中袋を合わせ
見返しを折り返して中袋にまつり
中袋を星止めで押さえる

25 ハイビスカスのましかくバッグ

実物大型紙は巻末型紙C⑫⑬に掲載

出来上がり寸法：高さ38cm・幅38cm・マチ10cm

材料

- 台布（マチ分含む）／90×70cm
- モチーフ布／80×40cm
- 中袋布／90×70cm
- 持ち手用布／60×20cm
- 裏打ち布／90×70cm
- キルト綿／90×70cm
- 幅3cm平テープ／110cm
- プラスチック板／35×10cm

作り方

1) アップリケをして本体のトップをまとめる。マチのトップは一枚布。
2) 裏打ち布、キルト綿にトップを重ね、しつけをかけてキルティング。
3) マチを中表に合わせて底を縫う。
4) 本体とマチを中表に合わせ、周囲を縫う。
5) 中袋を返し口を残して本体同様に縫う。
6) 本体と中袋を中表に合わせ、持ち手をはさんで口を縫う。
7) 表に返して返し口をとじる。
8) 中袋を星止めで押さえる。

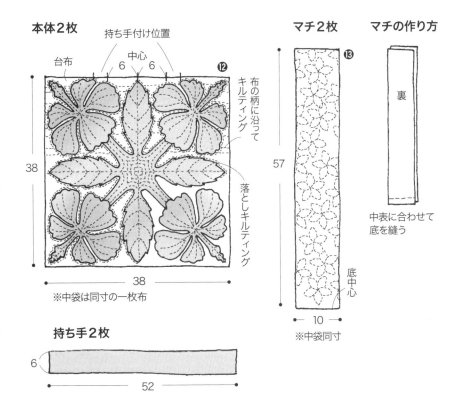

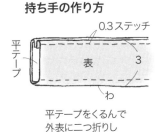

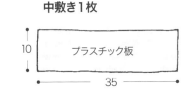

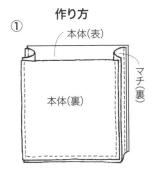

本体とマチを中表に合わせて縫う
中袋は返し口を残して同様に縫う

本体に持ち手をしつけで仮留めし
本体と中袋を中表に合わせ
持ち手をはさんで口を縫う

表に返して返し口をとじ
中袋を星止めで押さえる

26 パイナポーのましかくバッグ

出来上がり寸法：高さ35cm・幅35cm・マチ5.5cm

実物大型紙は巻末型紙D⑩に掲載

材料

台布(マチ、見返し分含む)／110×60cm
モチーフ布2種／30×30cm
中袋布／70×45cm
裏打ち布／110×50cm
キルト綿／110×50cm
パイピングコード用布／80×80cm
毛糸／適宜
長さ48cm持ち手／1組

作り方

1) アップリケをして本体のトップをまとめる。マチのトップは一枚布。
2) 裏打ち布、キルト綿にトップを重ね、しつけをかけてキルティング。
3) 中袋を作る。
4) パイピングコードを作り、マチに縫い付ける。
5) 本体とマチを中表に合わせて縫う。
6) 本体と中袋を中表に合わせ、持ち手をはさんで口を縫う。
7) 表に返して返し口をとじる。
8) 中袋を星止めで押さえる。

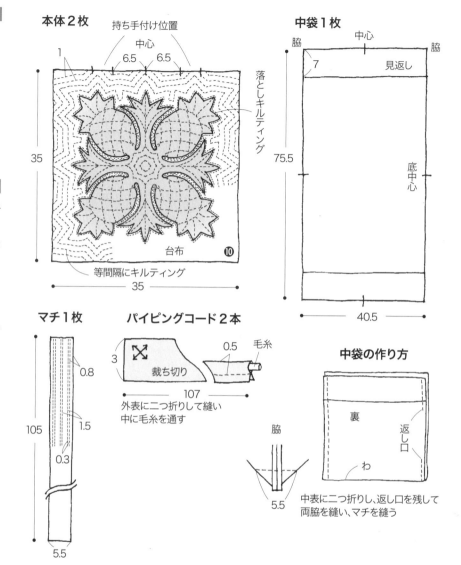

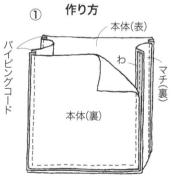

マチにパイピングコードをコードの縫い目の位置で縫い付け
本体と中表に合わせて縫い目の位置で縫う

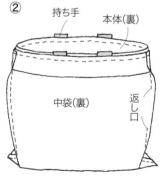

本体に持ち手をしつけで仮留めし
本体と中袋を中表に合わせ
持ち手をはさんで口を縫う

表に返して返し口をまつってとじ
中袋を星止めで押さえる

27 モンステラのましかくバッグ

実物大型紙は巻末型紙D⑨に掲載

出来上がり寸法：高さ33cm・幅33cm・マチ11cm

材料

- 台布（マチ、見返し、ループ分含む）／110×65cm
- モチーフ布／70×35cm
- 中袋布（中敷き分含む）／110×50cm
- 裏打ち布／110×60cm
- キルト綿／110×60cm
- 幅18.5cm持ち手／1組
- 直径1.5cmマグネットボタン／1組
- プラスチック板／35×15cm
- 接着芯／適宜

作り方

1) アップリケをして本体のトップをまとめる。マチのトップは一枚布。
2) 裏打ち布、キルト綿にトップを重ね、しつけをかけてキルティング。
3) 本体とマチを中表に合わせて縫う。
4) 中袋を本体同様に縫う。
5) 見返しとループを作り、見返しにマグネットボタンを付ける。
6) 本体と見返しを中表に合わせ、持ち手を通したループをはさんで口を縫う。
7) 本体に中袋を外表に合わせ、見返しを折り返して中袋にまつる。
8) 中袋を星止めで押さえる。
9) 中敷きを作って入れる。

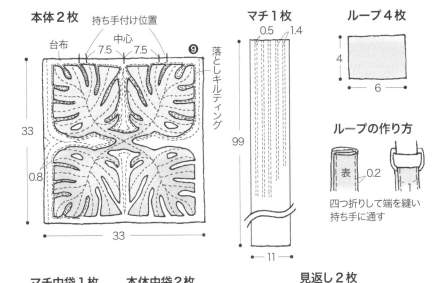

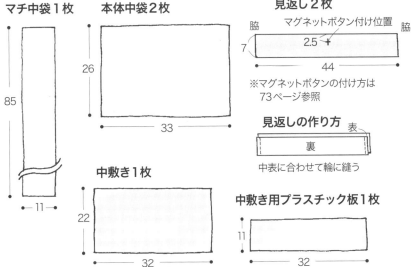

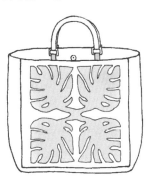

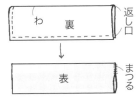

中敷きの作り方

中表に二つ折りして返し口を残して縫い
表に返してプラスチック板を入れて
返し口をまつってとじる

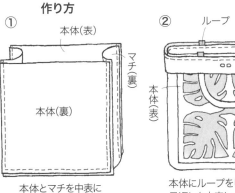

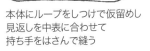

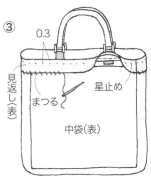

37 モンステラとハイビスカスのウォレット

実物大型紙は巻末型紙D③④に掲載

出来上がり寸法：高さ10.5cm・幅20cm

材料(共通)

台布／30×25cm
モチーフ布／30×25cm
キルト綿／25×25cm
幅1.5cmフリルリボン／100cm
10.5×20×2.5cmウォレット／1個
長さ6cmタッセル／1本

作り方

1) アップリケをして本体のトップをまとめる。
2) キルト綿にトップを重ね、しつけをかけてキルティング。接着キルト綿を使う場合はしつけをかけなくてもよい。
3) 角をぐし縫いし、引き絞って形を整える。
4) 周囲の縫い代を折り、フリルリボンを縫い付ける。
5) ウォレットにまつり付ける。
6) ファスナーの引き手にタッセルを結ぶ。

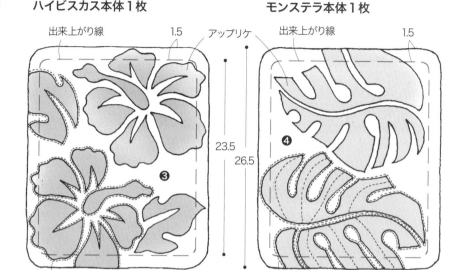

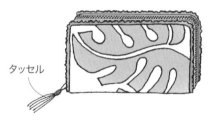

タッセル

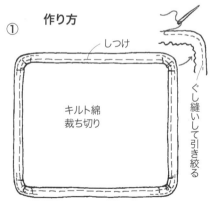

① 作り方

トップの裏に出来上がり線で裁ち切りしたキルト綿を重ね、キルティングする
角をぐし縫いして引き絞り、縫い代を裏に倒してキルト綿のみをすくってしつけをかける

② 返し縫いでフリルのきわと出来上がりのきわを合わせて縫う

本体の周囲にフリルリボンを縫い付ける

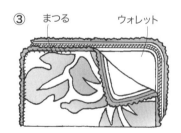

③ まつる　ウォレット

ウォレットの外側に重ねてフリルと本体のきわをすくってまつり付ける

39 ホヌのぺたんこポーチ

出来上がり寸法：高さ19cm・幅12.5cm

材料

- 台布（パイピング分含む）／55×30cm
- モチーフ布／25×20cm
- 裏布（ポケット分含む）／65×25cm
- 裏打ち布／30×20cm
- キルト綿／30×20cm
- 接着芯／20×20cm
- ペン差し用革／10×5cm
- 長さ40cmファスナー／1本

作り方

1) アップリケをして本体のトップをまとめる。
2) 裏打ち布、キルト綿にトップを重ね、しつけをかけてキルティング。
3) 本体の周囲をパイピングで始末する。
4) 本体の内側にファスナーを付ける。
5) ポケットを作り、裏布を作る。
6) 本体の内側に裏布をまつる。

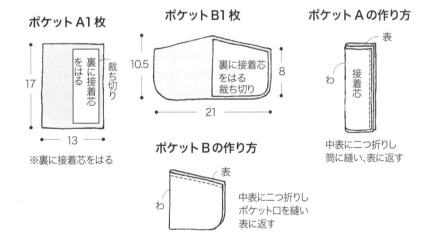

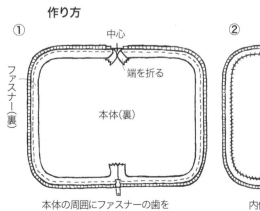

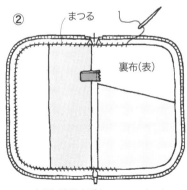

38 ローズのぺたんこポーチ

実物大型紙は巻末型紙D❶❷に掲載

出来上がり寸法：大高さ24cm・幅12cm　小高さ20.5×10cm

材料

台布（パイピング分含む）／大70×70、小60×60cm
モチーフ布／大30×30、小25×25cm
キルト綿／大30×30、小25×25cm
裏打ち布／大30×30、小25×25cm
裏布（ポケット分含む）／大85×35、小50×25cm
接着芯／大のみ20×25cm
ペン差し用革／大のみ10×5cm
長さ大45、小40cmファスナー／1本
25番刺しゅう糸／適宜

作り方

1) リバースアップリケをして本体のトップをまとめる。
2) 裏打ち布、キルト綿にトップを重ね、しつけをかけてキルティング。
3) 周囲をパイピングで始末する。
4) 本体の内側にファスナーを付ける。
5) ポケットを作り、裏布を作る。
6) 本体の内側に裏布をまつる。

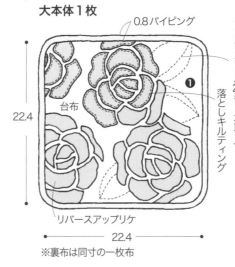

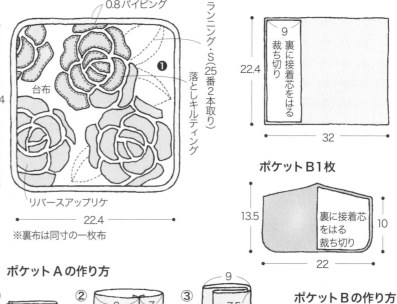

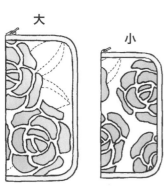

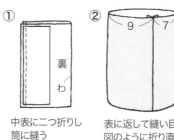

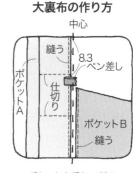

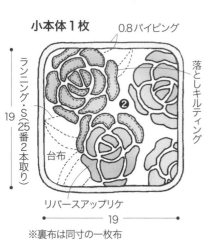

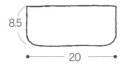

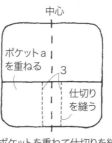